Martin Volgger

Yes I can, das geht!

Training der Selbstwirksamkeit

www.tredition.de

Verlag: tredition GmbH, Hamburg
ISBN: 978-3-8495-5219-0
Printed in Germany

<u>Hinweis</u>: Aus Gründen der Einfachheit habe ich im gesamten Bereich die männliche Personalform gewählt. Jede Form der Geschlechterdiskriminierung liegt mir fern.

Im sportlichen Geschehen ist das „Du" Normalität. Ich gebrauche in diesem Buch diese Form, die mir auch selber am nächsten liegt.

Inhaltsverzeichnis

Vorwort

Glaubst du an Wunder? Ich nicht, aber ich hatte immer wieder das große Glück, wundersame Entwicklungen begleiten zu dürfen. Ich spreche von Erfahrungen, die ich mit Menschen machte, die damit anfingen, an ihre Möglichkeiten zu glauben. Ich spreche von Menschen, die begannen ihre Anteile besser kennen und akzeptieren zu lernen und so das Original zum Vorschein kam, das offensichtlich in allen von uns steckt. Und ich spreche von der unglaublichen Energie, die dadurch frei wird.

In meiner Arbeit als Lehrer und Sportpsychologe hat mich seit jeher die Frage fasziniert: „Was bringt Menschen dazu, an ihre Fähigkeiten zu glauben?" Für mich die wohl spannendste Frage in der Arbeit mit Menschen überhaupt. In diesem Buch setze ich mich mit dieser Frage *(ohne den Anspruch der Wissenschaftlichkeit zu erheben)* auseinander.

Dieses Buch ist ein Ratgeber für Athleten und Interessierte, die mehr über das Thema Selbstwirksamkeit erfahren und Trainingsmethoden zur Steigerung des Selbstvertrauens kennenlernen wollen.

Der Aufbau des Buches ist so angelegt, dass im ersten theoretischen Teil die psychologischen Grundannahmen menschlichen Verhaltens veranschaulicht werden. Dieses Kapitel (2) ist für Leser, die sich mit dem Fach Psychologie nur wenig auskennen, nicht immer ganz leicht zu lesen. Die im praktischen Teil vorgestellten Methoden zur Steigerung des Selbstvertrauens lassen sich aber auf dem Hintergrund der in Kapitel 2 dargestellten psychologischen Mechanismen menschlichen Verhaltens besser verstehen, sodass ich dazu rate, sich früher oder später auch damit auseinanderzusetzen.

Danken möchte ich allen Athleten/innen und Trainer/innen, die sich an unserer Fragebogenaktion *(Wie gehen Athleten/innen und Trainer/innen mit dem Thema Selbstvertrauen um?)* beteiligt haben. Die erhaltenen Daten waren wichtige Hinweise,

Denkanstöße und Wegweiser zugleich. Bedanken möchte ich mich auch bei meinen Kollegen/innen und befreundeten Athleten, die sich mit den vorliegenden Zeilen in vielerlei Hinsicht kritisch auseinandergesetzt und mit ihren Rückmeldungen Fragen aufgeworfen und neue Denkanstöße gegeben haben.

Martin Volgger   Sterzing, im April 2013

1. Die Macht der Überzeugung

Warum gelang Edison die Erfindung der Glühbirne oder wieso entdeckte Christoph Kolumbus die Neue Welt? Warum wurde Nelson Mandela nach 20 Jahren Haft in südafrikanischen Gefängnissen Präsident Südafrikas? Oder warum putzen sich so viele Menschen morgens und abends die Zähne?

Es gibt einen gemeinsamen Aspekt, der Edison, Kolumbus, Nelson Mandela und alle Zähne putzenden Menschen verbindet. Sie waren oder sind davon überzeugt, dass die Verwirklichung ihrer Vorstellung nützlich ist und gelingen kann, und dass sie die Kraft und Ausdauer haben, ans Ziel zu kommen. Kolumbus war zutiefst davon überzeugt, dass die Erde rund sein muss, Edison sah seine Glühbirne leuchten, noch lange bevor sie leuchtete, Nelson Mandela war beseelt von einer gleichberechtigten Gesellschaft und diejenigen, die sich die Zähne putzen, wissen, dass ihre Zähne dadurch vor Karies

und ihr Zahnfleisch vor Paradentose geschützt werden.

Kolumbus hat unser aller Landkarte über die Erde grundlegend erweitert. Er brauchte dazu aber unglaublich viel Energie, um seine Theorie von einer anderen Form der Erde beweisen und die schier unendlichen Hindernisse aus dem Weg räumen zu können. Diese Energie schöpfte er aus einer tiefen, ja fast unerschütterlichen Überzeugung. Auch Edison brauchte unzählige Versuche, bis seine Lampe zu leuchten begann. Sie alle gaben nicht auf und glaubten weiterhin an ihre Idee und ihre Kraft, die nicht enden wollende Durststrecke zur Realisierung ihrer Überzeugung überwinden zu können.

> *Unser ärgster Feind kann nur unser mangelnder Glaube an uns selbst sein.*
>
> **Angela Merkel**

Der **Glaube an die eigene Kraft** spielt eine zentrale Rolle bei der Leistungserbringung. Dies belegen auch wissenschaftliche Studien eindeutig *(siehe Seite 49 – Andreas Bund)*.

Im Sport, wo Leistungen zu unterschiedlichen Zeitpunkten, Orten und variierenden Bedingungen erbracht werden müssen, ist Selbstvertrauen ein absolutes Muss. Nur jene Athleten/innen, die an ihre Chancen glauben, sind im entscheidenden Moment erfolgreich.

In einer von uns durchgeführten Umfrage stimmten über 85% der Aussage zu, dass Selbstvertrauen absolut notwendig sei, um erfolgreich zu sein. Das entspricht weitgehend Ergebnissen anderer Umfragen, die es zum Thema bereits gibt.

Gesundheit und Selbstvertrauen

Wenn du dich für dieses Buch interessierst, dann wohl deshalb, weil du – wie alle anderen Menschen auch – Selbstvertrauen als etwas sehr Wichtiges ansiehst. Und das ist gut so, denn Lebensgenuss, Erfolg und

> *Es bleibt einem jeden immer noch so viel Kraft, das auszuführen, wovon er überzeugt ist.*
>
> **Johann Wolfgang von Goethe**

Gesundheit sind vom Grad des Selbstvertrauens hochgradig abhängig. Wer seinen eigenen Fähigkeiten vertraut und optimistisch mit Herausforderungen umgeht, ist zufriedener und glücklicher und kann sein Leben intensiver erleben. So gesehen ist Selbstvertrauen nicht nur Grundlage für Erfolg, sondern auch eine wichtige Voraussetzung für körperliche und psychische Gesundheit und der Möglichkeit, dass sich „Mentale Stärke" entwickeln kann.

Was ist mentale Stärke?

Wenn wir 10 Menschen diese Frage stellen, so bekommen wir 10 ähnliche, aber nicht gleiche Antworten. Wir haben alle eine größtenteils übereinstimmende Vorstellung von mentaler Stärke, allerdings mit einer persönlichen Gewichtung, die stark von unserer persönlichen Interessens- und Ausgangslage abhängt.

In der Sportpsychologie sprechen wir von einer „engen" Definition von mentaler Stärke, wenn ein Athlet imstande ist, an beliebigen Orten, zu verschiedenen Zeitpunkten und unter veränderten Bedingungen seine Bestleistung abzurufen. An einer solchen Leistungsfähigkeit sind nicht nur Leistungssportler interessiert, Piloten, Manager, Führungskräfte, und ich würde mal sagen wir alle, wollen dasselbe. Im entscheidenden Moment das leisten zu können, was wir wirklich drauf haben, heißt leistungsfähig, aber auch authentisch sein zu können.

Wenn mentale Stärke als grundlegende Fähigkeit des Menschen, sein Leben zu meistern, definiert wird, so verstehen wir darunter weit mehr *("weite Definition")*. Neben der Leistungsumsetzung unter verschiedenen Bedingungen, und dies auch in schwierigen Situationen, führen Stressresistenz, Kommunikations-, Genuss-, Konzentrations- und Durchsetzungsfähigkeit, Ausdauer, Motivations- und Willenskraft, Mut, Entscheidungsfreudigkeit u.a. psychologische Fähigkeiten dazu, das Leben wirklich leben zu können. Die Erfüllung eigener Bedürfnisse ist durch das Vorhandensein mentaler Stärke wahrscheinlicher, die mental starke Person erhöht dadurch einerseits die persönliche Erfolgswahrscheinlichkeit und erfährt andererseits mehr Glück und Lebenszufriedenheit.

> *Wenn es einen Glauben gibt, der Berge versetzen kann, so ist es der Glaube an sich selbst.*
>
> **Marie von Ebner-Eschenbach**

Den Nährboden für all diese so lebenswichtigen psychologischen Fähigkeiten bilden:

a. **Positive Überzeugungen**

   Überzeugungen *(auch Zuversicht oder Gewissheit)* sind Vorstellungen, die sich auf die eigene Leistungsfähigkeit beziehen.

   Z.B. „Ich kann Klavier spielen" oder „Meine Englischkenntnisse sind sehr schlecht" usw.

b. **Positiv-realistische Einschätzungen**

   Einschätzungen sind Vorstellungen, die sich auf Abläufe beziehen, die nicht von der eigenen Person beeinflusst werden können.

   Z.B. „Heute fängt es an zu regnen" oder „Zu viel Neuschnee kann Lawinen auslösen".

c. **Positive Werthaltungen**

   Werthaltungen sind Vorstellungen, die sich auf Werte und Glaubensinhalte sowie Ideologien beziehen, die jeder von uns hat. Z.B. „Man sollte keine dummen Fehler machen" oder „Leben und leben lassen ist mein Lebensmotto."

Das Training der Selbstwirksamkeit zielt auf die Veränderung von Überzeugungen, Einschätzungen und Werthaltungen im Sinne einer Harmonisierung und **positiven** Haltung gegenüber Herausforderungen ab.

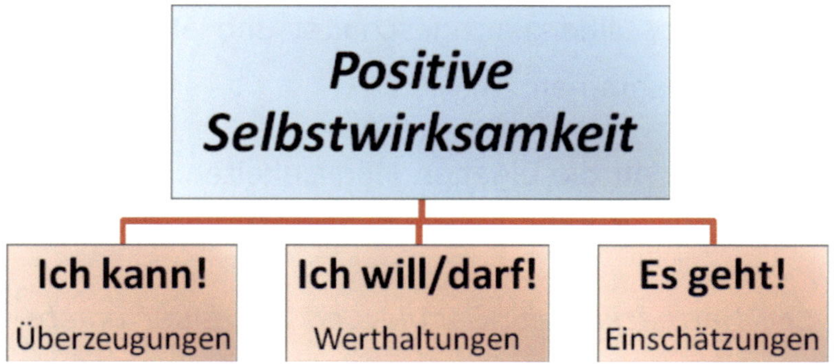

Auswirkungen von positiven Selbstwirksamkeitserwartungen

Was passiert mit uns, wenn wir daran glauben, eine Aufgabe lösen zu können?

Wir alle kennen das Gefühl, einer Herausforderung gewachsen zu sein. Da entstehen zunächst einmal die Gefühle der Freude und der Neugier. Sie sind Antreiber im klassischen Sinne und lassen uns motiviert und konzentriert sein. Wir haben sozusagen alle Antennen ausgefahren, unser Bewusstes und Unbewusstes sind gleichgeschaltet und arbeiten im Einklang zusammen.

Der Glaube an die eigenen Möglichkeiten, eine Aufgabe lösen zu können, bewirkt zudem, dass:

- *Hartnäckigkeit, Geduld und Ausdauer entstehen,*

- *Misserfolge als Informationsgeber gesehen werden,*

- *die Vorstellungskraft gesteigert wird,*

- *das Ziel nicht aus den Augen verloren geht,*

- *der Lösungsprozess nur wenig von Störungen beeinflusst wird,*

- *die Wahrnehmungs- und Denkprozesse aktiv gelassen und offen bleiben,*

- *der Intuition (dem Bauchgefühl) Raum gelassen wird.*

Viele positive Selbstwirksamkeitserwartungen ermöglichen die Konfrontation und Bewältigung neuer Herausforderungen und sind somit wichtig für ein erfolgreiches Leben, sie wirken sich aber auch nachhaltig auf die Zufriedenheit und das persönliche Glück aus.

> *Der Glaube an die eigenen Möglichkeiten bewirkt das Ergebnis einer Handlung und das der folgenden Handlungen.*

Wenn positive Selbstwirksamkeitserwartungen fehlen

Fehlendes Selbstvertrauen wirkt sich negativ auf die Ausführung einer Handlung aus und ist eine der Hauptursachen für Vermeidung und Misserfolg.

Im Sport kennen wir drei große Bereiche der unzureichenden Leistungsumsetzung, die durch fehlendes Selbstvertrauen ausgelöst wird. Kompetenzen, Einsatzbereitschaft und körperliche Gesundheit **müssen** gegeben sein.

a. *Nicht oder nur teilweise Abrufbarkeit von vorhandenen Leistungsmöglichkeiten besteht dann, wenn der Athlet im Training **regelmäßig** eine Leistung abrufen kann, aber im Wettkampf regelmäßig versagt.*

b. *Nicht oder nur teilweise Abrufbarkeit von vorhandenen Leistungsmöglichkeiten unter veränderten Bedingungen besteht dann, wenn es wegen **unwesentlicher** Bedin-*

gungsveränderungen *(z.B. Wetter, Anwesenheit von Freunden)* zu Leistungseinbrüchen kommt.

c. *Nicht oder nur teilweise Abrufbarkeit oder Verlangsamung von Weiterentwicklungen* (Lernblockaden) *ist dann gegeben, wenn es trotz technischer und körperlicher Voraussetzungen zu einem Abbruch bzw. Verlangsamung der Weiterentwicklung kommt.*

Fehlendes Selbstvertrauen trifft natürlich nicht nur Sportler, alle Menschen kennen diesen Zustand. Besonders belastend ist er jedoch, wenn der berufliche oder private Erfolg durch die ungenügende Leistungserbringung in Frage gestellt wird.

Zu viele Misserfolge führen letztendlich zu einer allgemeinen pessimistischen Selbstsicht und haben nachhaltigen Einfluss auf die Lebensfreude und die psychische Gesundheit.

Entstehung und Auswirkungen von negativen Selbstwirksamkeitserwartungen

Wer sich in vielen Situationen unsicher und überfordert fühlt, hat in seiner familiären und/oder außerfamiliären Situation oft nur sehr wenig Verantwortung übertragen bekommen. Ältere Brüder/Schwestern oder überbehütende Eltern oder auch Personen in außerfamiliären Gruppendynamiken *(Schule, Vereinswesen)* übernahmen regelmäßig den aktiven Teil beim Lösen von Herausforderungen. Diese **und/oder andere** Ursachen führt(en) dazu, dass Trainingsfelder für herausfordernde „neue oder schwierige" Situationen und die wichtigen Erfolgserlebnisse fehl(t)en. Dadurch entstand *(entsteht)* bei den unterforderten Personen eine eingeschliffene Gewohnheit, bei Herausforderungen vorerst passiv/abwartend zu bleiben, was jedoch einen Kompetenzaufbau erschwert bzw. verhindert und langfristig auch zu einer Unterschätzung der eigenen Person und Überschätzung fremder Personen führt(e).

Ein weiterer negativer Effekt des fehlenden Selbstvertrauens besteht in der Veränderung der Wahrnehmung im Sinne der selbsterfüllenden Prophezeiung. Wenn die Umstände eines Misslingens mit der eigenen Unfähigkeit und der Erfolg mit Zufall erklärt werden – was in der Folge mangelndem Trainings häufig passiert – beginnt der Teufelskreislauf des Verlustes der so wichtigen positiven Selbstwirksamkeitserwartung. Im Extremfall kann es zur absoluten Vermeidung neuer Situationen oder Herausforderungen kommen, was wiederum zu einer Bestärkung der angenommenen eigenen Unfähigkeit führt.

Da unser Organismus darauf ausgerichtet ist, Ge-

> *Nicht das, was Sie eigentlich sind,*
> *hindert Sie am Erfolg,*
> *sondern das, was Sie meinen,*
> *nicht zu sein.*

fahren *(dazu zählen massive Unfähigkeitsgefühle, aber auch das Infragestellen von bestehenden Überzeugungen)* abzuwehren, entwickelt er Angst immer dann, wenn negative Selbsteinschätzungen wirksam sind. Auf der Verhaltensebene führt das Gefühl der Angst – ganz besonders, wenn es einen bestimmten Grad überschritten hat – zur Verkrampfung *(mit allen Konsequenzen auf Konzentration und Bewegung)* bzw. sogar zur Vermeidung. Kurzfristig gesehen können durch die Vermeidung frustrierende oder gar zerstörerische Gefühle reduziert werden, langfristig jedoch wird die negative Selbstwirksamkeitserwartung erhöht und trägt entscheidend zum erwarteten Misserfolg bei. Der Teufelskreislauf der negativen Selbstwirksamkeitserwartung ist damit geschlossen.

Teufelskreislauf der negativen Selbstwirksamkeitserwartung

Unser Orientierungssystem

Der Mensch ist von Geburt an bewusst und unbewusst daran interessiert, Struktur in das Chaos der *(„seiner")* Welt zu bringen. So sind es vor allem unsere Erfahrungen mit der Umwelt, mit anderen Menschen, mit uns selber und unsere Schlussfolgerungen daraus, die in uns bewusste und unbewusste Überzeugungen, Einschätzungen und Werthaltungen wachsen lassen.

Diese Haltungen, ich verwende den Begriff **„Haltungen"** als **Sammelbegriff** für „Wert- oder auch Glaubenshaltungen", „Einschätzungen" und „Überzeugungen" sagen uns, was wir können und was nicht, ob wir liebenswerte Menschen sind oder nicht, sie machen uns Angst oder geben uns Sicherheit und treiben uns fortwährend an, all das erreichen zu wollen, was gemäß unseren „Haltungen" möglich und wichtig ist. Sie sagen uns aber auch, wie die anderen sind und wie sie sein sollten, welche Werte wichtig sind und wie wir zu Gott stehen.

Die erworbenen/gelernten „Haltungen", sie sind miteinander vernetzt und bedingen sich gegenseitig, bilden in Kombination mit angeborenen Trieben/Antrieben *(Hunger, Durst, Schutz, Fortpflanzung)* und eingeschliffenen Gewohnheiten unser Bild von uns selbst, den anderen und der Welt und damit sind sie das Basisprogramm unseres Verhaltens.

Orientierungssystem

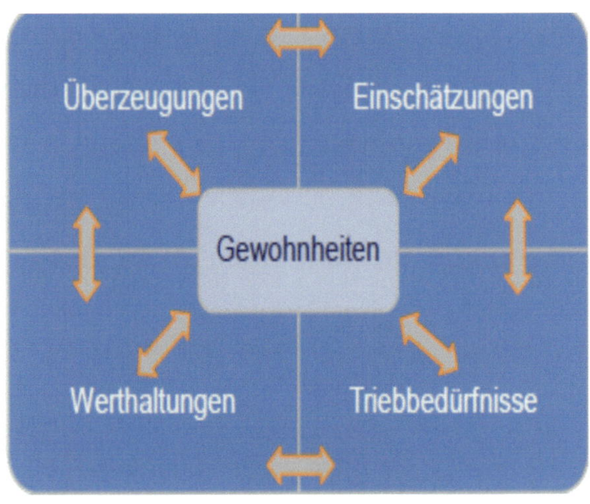

Wie entstehen Orientierungssysteme (Landkarten)?

Bewusstes und unbewusstes Lernen durch eigene Erfahrung: Macht z.B. das Kleinkind die schmerzhafte Erfahrung, dass der Ofen heiß ist, so wächst in ihm die Einschätzung, dass es nicht ratsam ist, sich diesem Objekt zu nähern. Es weiß noch nicht wieso, aber es spürt die Gefahr, die vom Ofen ausgeht und es wird sich gemäß diesem Gespür nicht mehr nähern. Später dann, wenn die kognitiven Leistungen des Kindes zunehmen, kann es diese Erfahrung einordnen und eine generalisierte Einschätzung *(Feuer ist gefährlich, wenn man nicht richtig damit umgeht)* ableiten. Es braucht dazu nicht noch einmal

> *Unser Orientierungssystem ist das Basisprogramm, auf dieser Grundlage entsteht Erfolg oder Misserfolg, aber auch Lebenszufriedenheit und Lebensgenuss.*

eine schmerzhafte Erfahrung zu durchleben, weil es gelernt hat, die Zusammenhänge zu verstehen und einzuordnen.

Reiz-Reaktionsverbindungen können zu verhaltensbestimmenden Elementen werden, auch wenn sie nicht bewusst wahrgenommen werden. Negative oder positive Auslöser *(z.B. barfuß gehen)* können *(positive oder negative)* Gefühle und dementsprechende Verhaltensmuster auslösen.

Bewusstes und unbewusstes Lernen am Modell: Menschen haben aber auch die Möglichkeit, am Modell zu lernen. Sehen wir einen Menschen, der sich mit Feuer verletzt, so können wir durch diese Beobachtung eine Einschätzung entwickeln, die uns im Umgang mit Feuer hilft. Direkte und indirekte Hinweise durch fremdes Verhalten bzw. Vorgefallenes oder Ratschläge und Suggestionen von Verwandten, Freunden und Fremden werden von uns wahrgenommen, interpretiert und eingeordnet.

Beispiele:

*Wenn wir in der Kinder- und Jugendzeit von wichtigen Personen (Vater, Mutter) immer wieder gesagt bekommen, dass wir faul sind, dann ist die Wahrscheinlichkeit recht hoch, dass wir uns in unserem Leben als faul einstufen. Was noch lange nicht heißt, dass wir es wirklich sind, aber diese Einschätzung könnte dazu beitragen, dass wir uns **so sehen** und auch **so benehmen**.*

Hatten wir in unserer Kindheit viel Freude mit Gesellschaftsspielen, so werden wir mit einer relativ hohen Wahrscheinlichkeit ein Bild von uns gewinnen, das uns mitteilt, dass uns Gesellschaftsspiele Spaß machen.

Konnten wir beobachten, dass unvorsichtiges Autofahren zu verheerenden Unfällen führen kann, können wir durch diese Beobachtungen eine Einschätzung ableiten, die uns nachhaltig beeinflusst.

Es kann z.B. auch dazu gekommen sein, dass wir uns an bestimmten Orten sehr wohl fühlten und dass diese Erfahrung zu einem Reiz-Reaktions-Verhaltensmuster (kann bewusst oder unbewusst sein) geführt hat, das ein Leben lang anhält. Auch wenn der Zusammenhang Ort + positives Gefühl nicht mehr existiert, ist es möglich, dass der gelernte Reiz (Bild einer Landschaft) weiterhin zu einem positiven Gefühl führt.

Unser **Orientierungssystem**, welches unsere „**Wahrheit**" repräsentiert, besteht aus aktuellen und ehemaligen *(bewussten und unbewussten)* Werthaltungen, Einschätzungen, Überzeugungen und Triebbedürfnissen, die möglicherweise schon lange in Gewohnheiten (Reiz-Reaktions-Verhaltens-muster) übergegangen sind. Interessant ist, dass Gewohnheiten **keinen** aktuellen Bezug zum heutigen *(bewussten)* Orientierungssystem haben müssen, aber trotzdem an Wirksamkeit nichts einbüßen.

Unser Orientierungssystem ist durchaus stabil und trotzdem ständig in Bewegung. So sind es vor allem unsere bewussten und unbewussten Erfahrungen auf verschiedenen Ebenen, Rückmeldungen von anderen Personen und all die Informationen, die tag-täglich auf uns einströmen, die wir *(bewusst und unbewusst)* interpretieren und für unsere Landkarte nutzen.

Die Grundpfeiler unseres Orientierungssystems *(unserer Landkarte)* entstehen allerdings in der Kinder- und Jugendzeit. Hier entwickeln wir unsere wichtigsten und „wirksamsten" Haltungen zu uns, den anderen, Gott und der Welt.

Die Entwicklung unseres Orientierungssystems ist mit dem Eintritt in das Erwachsenenalter nicht abgeschlossen, jedoch ist die „Landkarte" bereits beschrieben und neue Haltungen werden in Abstimmung mit anderen vorgenommen, was einen Veränderungsversuch nicht leichter macht.

<u>Wichtig:</u> Beim Versuch der Veränderung von Teilen unseres Orientierungssystems muss das bestehende unbedingt berücksichtigt werden, ansonsten kommt es zu Widerstand bzw. inneren Konflikten, was den Veränderungsversuch gefährdet.

Wirkungsweise unseres Orientierungssystems

Mit unserem Orientierungssystem navigieren wir dann durchs Leben, es hat das größte aller Ziele in sich und das ist die Sicherung unseres Überlebens.

Ein funktionierendes Orientierungssystem gibt uns die nötige Sicherheit und aus dieser Position erwächst der Antrieb, um unsere Ziele erreichen zu können. Die zum Teil angeborene und die im Laufe des Lebens erworbene, gelernte Struktur von Bedürfnissen bildet unseren Lebensleitfaden, der unsere Grenzen, aber auch unsere Möglichkeiten in einem bestimmten Lebensabschnitt definiert. Unser Verhaltensmuster und die daraus resultierende Gefühlswelt sind nichts anderes als das Produkt unseres biopsychischen Orientierungssystems. Unser Bild von uns selbst und der Welt ist nicht die Realität selber, sondern nur eine stark vereinfachte Abbildung davon, die mit der eigentlichen Realität oft nur sehr wenig zu tun hat. Nur unsere eigene Realität ist die Ursache und die Basis für unser Denken, Handeln und Fühlen und damit für unser Wohlbefinden.

Einigermaßen stabile Glaubenshaltungen sind eine grundlegende Voraussetzung für unsere psychische und physische Gesundheit. Wir würden es einfach nicht schaffen, unsere Haltungen *(Weltanschauung, Selbstbild, Fremdbild, usw.)* jeden Tag aufs Neue in Frage zu stellen. Das in unserem Kopf entstehende Chaos würde lebensgefährlich sein. So sind z.B. religiöse Menschen vor dauernden Sinn- und Entscheidungsfragen mehr geschützt als andere. Es ist somit durchaus positiv, gewisse Glaubenshaltungen verinnerlicht zu haben, die uns in vielen Lebenssituationen schnelle, eindeutige und ich-freundliche Entscheidungsmöglichkeiten eröffnen. Diese Entscheidungen werden vorzugsweise auf einer unbewussten Ebene getroffen und sie entsprechen der inneren Logik unseres Orientierungssystems. So können bestimmte Verhaltensweisen einer Person von außen, und manchmal sogar aus der Sicht der

Person selbst, nicht nachvollziehbar und auf den ersten Blick auch überhaupt nicht nützlich scheinen. Wenn jedoch das Überzeugungs- und Wertesystem bzw. Reiz-Reaktionsverhalten der Person verstanden und die daraus resultierende Bedürfnishierarchie berücksichtigt wird, kann das Verhalten und der entstehende „individuelle" Nutzen durchaus eingeordnet werden.

Jeder Mensch handelt vom eigenen Orientierungssystem aus gesehen individuell logisch. Alle Menschen und Lebewesen haben aus meiner Sicht dasselbe Ziel, sie sind dauernd bestrebt, ihren „individuellen" Nutzen gemäß dem bestehenden Orientierungssystem zu vergrößern. Und das passiert in den meisten Fällen unbewusst. Diese Auffassung möchte ich im weiteren Verlauf als „Nutzenmaximierungstheorie" bezeichnen.

Die „Firewall" unseres Orientierungssystems

Wir schützen unser Orientierungssystem vor Angriffen von außen, jede Destabilisierung wird vorerst als Feind des Systems eingestuft und bekämpft. Es gibt viele verschiedene Abwehrmechanismen, hier eine kleine Auswahl:

Selektive Wahrnehmung: Wir nehmen all das wahr, was zu den Grundannahmen unseres Orientierungssystems passt, alles andere versuchen wir auszublenden *(selektive Wahrnehmung)*. Ein religiöser Mensch wird bei einer Wanderung in freier Natur vorzugsweise die Schöpfung Gottes erkennen, während dem Biologen etwas anderes *(Artenvielfalt?)* ins Auge fällt.

Reaktanz: Wenn ein Glaubenssatz, der in unserem Orientierungssystem eine hohe Priorität einnimmt, „ausradiert" werden soll, so entwickeln wir heftigen Widerstand *(Reaktanz)*. „Neue oder fremde" Verhaltensweisen werden angegriffen, denn diese schränken das bestehende Verhalten ein oder wollen es gar beseitigen. Der Mensch entwickelt automatisch Widerstand gegen Verhaltenseinschränkungen/-veränderungen. Diese *(meist unbewusste)* Reaktion wird in der Psychologie als „Reaktanz" bezeichnet und hat dann besonders große Wirkung, wenn ein Verhaltensänderungsversuch die bestehende Ausgangslage unberücksichtigt lässt.

Selbsterfüllende Prophezeiung *(„Sich-selbst-erfüllende-Prophezeiung")*: Fast immer unbewusst läuft auch jenes menschliche Abwehrphänomen ab, das ebenfalls Teil unserer „Firewall" ist und ähnlich funktioniert wie die sog. Selektive Wahrnehmung. Ein Beispiel: Wenn du überzeugt bist, dass eine Aufgabe unlösbar ist, so wirst du mit großer Wahrscheinlichkeit ein Ergebnis erzielen, welches deine Annahme stützt. Natürlich auch im umgekehrten, positiven Sinn. Menschen sind grundsätzlich daran interessiert, sich das zu beweisen, was bereits in ihrem Orientierungssystem niedergeschrieben ist. Das gibt vor allem Sicherheit und die brauchen wir notwendig.

Dieser Umstand hat gewaltige Auswirkungen in allen Lebensbereichen und kann auch zu paradoxen Verhaltensweisen und Konflikten führen. So gibt es z.B. im Spitzensport unglaublich viele Athleten, die Schwierigkeiten haben, bei gewissen Wettkampfbedingungen ihre Bestleistung abzurufen. Diese „anderen" Wettkampfbedingungen sind aber objektiv gesehen keine wirklich zu erklärenden Ursachen für das Versagen, das regelmäßig an gewissen Orten und bei speziellen Bedingungen auftritt. Und trotzdem wiederholen sich die Misserfolge mit einer hohen Wahrscheinlichkeit immer wieder. Noch unverständlicher wird es dann, wenn kurz vor einem möglichen, großen Erfolg unerklärliche Schwächen und Fehler auftauchen. Man müsste doch meinen, dass im Orientierungssystem eines Spitzensportlers das Siegen und damit der Erfolg ganz oben auf seiner Prioritätenliste stehen. Erklären lässt sich jedoch auch dieses paradoxe Verhalten sehr gut mit der von mir sogenannten „Nutzenmaximierungstheorie" und mit einem Abwehrmechanismus, den man als Selbsterfüllende Prophezeiung bezeichnet.

Dass wir alle Vorstellungen in uns tragen und diese nachhaltig auf unser Verhalten wirken, zeigt das Gesetz der Ideomotorik *(sog. Carpenter-Effekt).* Vorgestellte Bilder lösen unbewusste kleine, nicht spürbare physiologische Reaktionen aus und beeinflussen damit auf unbewusster Ebene unser Handeln.

Das vorgestellte Bild, das durch die selbsterfüllende Prophezeiung produziert wird, tendiert automatisch dazu, sich zu erfüllen.

Wenn nun ein Tennisspieler die Überzeugung **„Ich kann gegen diesen Gegner nicht gewinnen"** in sich trägt, so ist die Wahrscheinlichkeit von „unerklärlich" auftretenden „Fehlern" hoch. Gleichzeitig sind diese scheinbar „unerklärlichen" Fehler auch Botschaften *(„Du bist stärker")* für den Gegner, der diese erkennt und nutzt.

„In einer Untersuchung sagte man einer Reihe von Medizinstudenten, dass sie ein Beruhigungsmittel bekommen würden. Einer anderen Gruppe sagte man, sie bekäme ein aufputschendes Mittel. Nun gab man derjenigen Gruppe, der man gesagt hatte, sie bekäme das Beruhigungsmittel, das aufputschende Mittel. Umgekehrt gab man derjenigen Gruppe, der man gesagt hatte, sie bekäme das aufputschende Mittel, das Beruhigungsmittel. Was meinen Sie, passierte? Es zeigte sich, dass mehr als 50 Prozent derjenigen, die glaubten, sie hätten ein Beruhigungsmittel erhalten, aber tatsächlich das aufputschende Mittel erhalten hatten, ruhig und entspannt waren. Diejenigen, die glaubten, sie hätten das aufputschende Mittel erhalten, aber tatsächlich das Beruhigungsmittel erhalten hatten, waren aufgedreht und hellwach.

Dieses Experiment zeigt, dass unser Glaube hinsichtlich der Wirksamkeit eines Medikaments in hohem Maße darüber bestimmt, ob ein Medikament wirkt oder nicht. Ja, wir können sogar durch unse-

ren Glauben die Wirkungen eines Medikaments zunichtemachen und uns genau entgegengesetzt zu der beabsichtigten Wirkung beeinflussen. …"[1]

„Der Psychologe Martin Seligman hat den Begriff ‚erlernte Hilflosigkeit' entwickelt. Erlernte Hilflosigkeit bedeutet, dass wir aufgrund von negativen, unangenehmen Erfahrungen *(z.B. Verlust, Gewalt, Entlassung, Behinderung)* die Einstellung entwickelt haben, ohne Kontrolle, also hilflos zu sein. Wir denken uns: ‚Das hat eh alles keinen Sinn.' ‚Da kann ich nichts machen. Ich bin zu schwach.'

> *Ob man glaubt, etwas zu können oder glaubt, etwas nicht zu können, man behält immer Recht.*
>
> **Henry Ford**

Als Folge der vermeintlichen Hilflosigkeit resignieren wir und unternehmen nichts, um unsere Situation zu verändern. …"[2]

---

[1] Quelle: Dr. Rolf Merkle - http://www.psychotipps.com/heilung-glaube.html (abgerufen am 22.06.2012)

Martin Seligman hat mit seiner Theorie der „erlernten Hilflosigkeit" ein Modell entwickelt, das im Prinzip in die Grundannahme der „Selbsterfüllenden Prophezeiung" mündet. Wieso sollte ein Mensch aktiv werden, wenn seine Einschätzung, ein Problem lösen zu können, negativ ist und vielleicht sogar Nachteile mit sich bringt.

Von außen gesehen mag das nicht immer nachvollziehbar sein. Es entspricht aber der Logik eines Orientierungssystems, Energie nur dort einzusetzen, wo es sich lohnt. Negative Einschätzungen hinsichtlich der eigenen Möglichkeiten, ein Problem zu lösen oder eine Leistung zu erzielen, sind oft verantwortlich für „unerklärliches" Versagen. Das vermeintlich „Unerklärliche" ist aber aus der Sicht des individuellen Orientierungssystems sehr wohl verständlich und nachvollziehbar und entspricht einer inneren Logik.

---

[2] Quelle: Dr. Doris Wolf - http://www.lebenshilfe-abc.de/ erlernte-hilflosigkeit.html (abgerufen am 22.06.2012)

Abwehrmechanismen, und davon gibt es noch einige mehr, sind absolut wichtig für unsere psychische Gesundheit. Damit die grundsätzlichen Bausteine unserer Landkarte aufrechterhalten bleiben und wir nicht sinnlos Energie verschwenden bzw. sogar unsere Haltungen gefährden, suchen wir nach Beweisen für unsere Wahrheit. Wir produzieren dabei mit Hilfe unserer Abwehrmechanismen eine „individuelle" Realität, welche die Gültigkeit unserer Überzeugungen stützt.

Abwehrmechanismen – und das ist die Kehrseite der Medaille – können aber auch blind machen und mögliche Entwicklungen aufhalten oder verlangsamen. Bei einer Verhaltensänderung spielen Abwehrmechanismen immer eine große Rolle. Werden sie nicht berücksichtigt, entwickeln sie ihre Wirkung automatisch und bleiben fast immer erfolgreich.

Mark Twain hat den Ausspruch getan, dass man schlechte Gewohnheiten nicht zum Fenster hinauswerfen könne, man müsse sie schon Stufe für Stufe die Treppe hinuntertragen und zum Haus hinaus begleiten, um sie wirklich loszuwerden. Ich denke, dass er mit dieser Metapher auch die Bedeutung der Abwehrmechanismen bei einem Veränderungsversuch verdeutlicht hat.

Aussagen zur Selbstwirksamkeitserwartung

Das Konstrukt der Selbstwirksamkeitserwartung hat in den letzten Jahren viel Aufmerksamkeit von wissenschaftlicher Seite erhalten. Es handelt sich dabei um die Überzeugung, eine Leistungsanforderung *(kann auch schwierig und neu sein)* meistern zu können oder nicht. Positive Selbstwirksamkeitserwartungen scheinen nach den bisherigen Untersuchungen sehr wichtig dafür zu sein, ob Handlungen gelingen oder nicht. Somit sind sie auch ein wichtiger Indikator, um Verhalten vorherzusagen.

Der berühmte Lernpsychologe Albert Bandura hat vor ca. 35 Jahren das Konzept der Selbstwirksamkeit entwickelt. Er hat folgende Theorie zur Entwicklung der Selbstwirksamkeitserwartung so definiert:

„The conviction, that one can successfully execute the behaviour required to produce the outcomes."[3]

Für Bandura besteht die Selbstwirksamkeitserwartung in der Überzeugung, dass man ein Verhalten erfolgreich ausführen kann, und die ist wiederum Voraussetzung, um die Ergebnisse zu produzieren.

Die Ausbildung dieser Überzeugungen vollzieht sich situationsspezifisch vor dem Hintergrund eigener und stellvertretender Verhaltenserfahrungen, verbalen Informationen und der Wahrnehmung des eigenen physiologischen und emotionalen Erregungszustandes. *„Perceived self-efficacy refers to beliefs in one's capabilities to organize and execute the*

---

[3] Quelle: Bandura 1977-S. 79

courses of action required to produce given attainments.[4]

Fuchs und Schwarzer, die sich intensiv mit dem Thema auseinandersetzen, definieren Selbstwirksamkeit folgendermaßen: *„Das Konstrukt der Selbstwirksamkeit (self-efficacy) bezeichnet die Überzeugung einer Person, in der Lage zu sein, ein bestimmtes Verhalten mit Hilfe eigener Ressourcen organisieren und ausführen zu können, insbesondere in Situationen, die neue, unvorhersehbare, schwierige oder stressreiche Elemente enthalten.*"[5]

---

[4]Quelle: Andreas Bund / Alexander Kiefer – Quelle: http://www.sport.uni-oldenburg.de/download/andreasbund/ publikationen/Publikation_7.pdf - abgerufen am 20.06.2012

[5]Quelle: Fuchs & Schwarzer, 1994, S. 141 - Zeitschrift für Differentielle und Diagnostische Psychologie, 15, 1994, Heft 3, S. 141-154 – http: http://www.sport.uni-freiburg.de/institut/ Arbeitsbereiche/psychologie/

„*Der Flow (vgl. Csikszentmihaly 1992) bzw. die von Kanfer (1990) erwähnte intrinsische, selbstregulatorische Motivation ist erreicht, wenn eine Person hohe Selbstwirksamkeits- und Ergebniserwartungen hat. Dies ist der Idealzustand, weil so die wirklichen Talente gezeigt werden können, ohne Hemmung durch z.B. übertriebene Nervosität oder Angst. Bei der persönlichen Inkompetenz glaubt eine Person, nicht genügend Fertigkeiten zu besitzen. Die Selbstwirksamkeit ist so gering, dass nicht einmal versucht wird, die Handlung auszuführen.*"[6]

„*Die generalisierte Selbstwirksamkeitserwartung ist eine relativ stabile Persönlichkeitsdimension (vgl. Schwarzer, 1994), allerdings nicht unveränderlich. Aus diesem Grund ist es sinnvoll und angebracht, Patienten mit Hilfe einer kognitiven Verhaltensthe-*

---

[6]Quelle: Sabine Ruhall geb. Grisar - Selbstwirksamkeit als Indikator für psychische Störungen – http: http://darwin .bth.rwth-aachen.de/opus3/volltexte/ 2008/2243/pdf/ Ruholl_Sabine .pdf - abgerufen am 15.07.2012

rapie zu behandeln. Innerhalb dieses Ansatzes haben sich verschiedene Therapieformen entwickelt, welche die kognitive Umstrukturierung zum Ziel haben."[7]

Für Moritz et al. besteht ein klarer Zusammenhang zwischen Selbstwirksamkeitserwartung und Leistung. Selbstwirksamkeit ist demnach ein Effekt und gleichzeitig eine Ursache für Leistung. „This meta-analysis provides clear evidence that a significant relationship exists between self-efficacy and performance. (...) Self-efficacy is both a

Selbstvertrauen ist die erste Voraussetzung für große Vorhaben.

v. Samuel Johnson

---

[7]Quelle: Sabine Ruhall geb. Grisar - Selbstwirksamkeit als Indikator für psychische Störungen – http: http://darwin.bth.rwth-aachen.de/opus3/volltexte/2008/ 2243/pdf/Ruholl_Sabine.pdf - abgerufen am 15.07.2012

cause and a effect of performance."[8]

„Die Selbstwirksamkeitserwartung hat einen positiven Einfluss auf das körperliche Wohlbefinden (Schwarzer & Jerusalem, 1994). Auch scheinen hoch selbstwirksame Lehrer weniger stark von Burnout-Erscheinungen betroffen zu sein. Zusammenfassend kann man formulieren: Je höher die Selbstwirksamkeitserwartung, desto mehr Erfolg bei gleicher Belastung und desto weniger Belastung bei gleicher Leistung."[9]

„Selbstwirksamkeitserwartungen beeinflussen vor allem die Auswahl von Handlungen (Schwierigkeitsgrad), die investierte Anstrengung im Zielerreichungsprozess, die Ausdauer angesichts von

---

[8](Moritz et al., 2000, S.159) Quelle: Andreas Bund - Selbstvertrauen als Leistungsressource im Sport – http://www.sport.uni-oldenburg.de/download/andreas   bund/vortraege/Vortrag _10.pdf - abgerufen am 20.06.2012

[9]Quelle: Ralf Schwarzer & Matthias Jerusalem - Skalen zur Erfassung von Lehrer- und Schülermerkmalen 1999 – http:http://userpage.fu-berlin.de/~health/self/ skalendoku_ selbstwirksame_schulen.pdf

Schwierigkeiten und Barrieren sowie indirekt den Grad des Handlungserfolges."[10]

„Insgesamt kann festgestellt werden, dass die Ergebnisse der sportwissenschaftlichen Forschung die ‚naiven' Erklärungen der Athleten und Trainer unterstützen. Selbstvertrauen wirkt sich positiv auf die nachfolgende Leistung aus. Auch der von den Athleten häufig verbalisierte Eindruck, Siege bzw. Niederlagen hätten ihr Selbstvertrauen gestärkt bzw. geschwächt, lässt sich empirisch-experimentell belegen."[11]

---

[10]Quelle: Matthias Jerusalem& Ralf Schwarzer (1981), revidiert 1999 – Allgemeine Selbstwirksamkeit – http:http://userpage.fu-berlin.de/~gesund/skalen/ Allgemeine_Selbstwirksamkeit /hauptteil_allgemeine_ selbstwirksamkeit.htm - abgerufen am 12.07.2012

[11]Quelle: Andreas Bund - Selbstvertrauen als Leistungsressource im Sport – http://www. sport.uni- oldenburg.de/download/andreasbund /vortraege/Vortrag _10.pdf - abgerufen am 20.06.2012

2. Mentaltraining

Was ist mentales Training?

Mentales Training ist das Training der Selbst- und Fremdwahrnehmung, des Selbstverständnisses und der darauf aufbauenden bewussten und unbewussten Lenkung/Steuerung unserer Wahrnehmung im Denken, Fühlen und Handeln.

Ziel des mentalen Trainings

Das MT verfolgt das Ziel der Optimierung des Zugriffes auf eigene Leistungsmöglichkeiten an beliebigen Orten, Zeitpunkten und unter variierenden Bedingungen. Die Persönlichkeitsentwicklung und die Steigerung des persönlichen Wohlbefindens *(allgemeiner Zugewinn an Selbstvertrauen und aktiver Gelassenheit)* sind indirekte, aber beabsichtigte und notwendige „Nebenprodukte" dieses Trainings.

Kann man mentale Stärke trainieren?

Ja.

Fragt man den/die Mann/Frau auf der Straße, so trifft man jene, die trotz vieler wissenschaftlicher Gegenbeweise unbeirrt behaupten, dass mentale Stärke reine Vererbungssache, also so etwas wie Schicksal sei, und das müsse man ein Leben lang (er-)tragen, wie die Schuh- oder Körpergröße.

Eine andere Gruppe von Menschen geht davon aus, dass man mentale Stärke ausbauen/weiter-entwickeln könne. Hilfe wird aber keine beansprucht oder erst dann, wenn absolut kein anderer Ausweg mehr zur Verfügung steht.

Dies mag mit der Werthaltung in unserer westlichen Welt in Verbindung stehen, in der Schwächen mit einem Makel behaftet sind. Interessanterweise ist die psychische Seite viel mehr davon betroffen. Ein Beinbruch oder eine Viruserkrankung sind erlaubt,

Schwierigkeiten mit Stress oder dem eigenen Denken weniger.

Glücklicherweise ändert sich die Situation zusehends. In den letzten Jahren können wir beobachten, dass immer mehr Menschen zur Normalität übergehen. Sie fragen nach und erkundigen sich nach Hilfen oder Programmen zur Steigerung des eigenen psychischen Wohlbefindens, oder anders gesagt, zur Steigerung der mentalen Stärke.

An dieser Stelle möchte ich dich beglückwünschen, denn du hast anscheinend zwei große Hürden zur Weiterentwicklung deiner persönlichen mentalen Stärke bereits überwunden.

Du scheinst davon überzeugt zu sein, dass:

- Mentale Stärke durch psychologische Erkenntnisse und bewährte Übungen trainierbar ist,

- Anleitungen/Hilfestellungen von außen beim Aufbau der mentalen Stärke sehr hilfreich sind.

Diese beiden Einschätzungen sind das Fundament, welches das organisiert-strategische Training der mentalen Stärke ermöglicht und erfolgreich macht.

Organisiert-strategisch deshalb, weil dieser Aspekt den eigentlichen Unterschied zum unbewussten mentalen Training aller Menschen ausmacht. Denn alle Menschen bereiten sich mental, bewusst oder unbewusst, auf wichtige und unwichtige Ereignisse (Leistungen, Gespräche, Handlungen usw.) vor. Auch diejenigen, die das selber gar nicht merken und daher oft vehement bestreiten, dass sie mental trainieren. Viele machen das aber leider immer wieder gleich falsch und produzieren damit das Ergebnis, das sie bewusst gar nicht haben wollen.

Welche Methoden/Techniken werden im mentalen Training eingesetzt?

- Selbstwirksamkeitstraining

- Visualisierungstechniken

- An- und Entspannungsverfahren

- Stressmanagement

- Konzentrationstechniken/ Aufmerksamkeitsregulation

- Positives, realistisches Denken

- Motivationstraining

- Interaktionstraining

Einzelne Techniken werden in Kombination eingesetzt und der mental Trainierende stimmt diese auf seine persönliche Ausgangslage und Zielsetzung ab.

So gibt es viele ähnliche, aber nicht gleiche Programme.

Argumente für das mentale Training

- Mentale Stärke bestimmt weitgehend unser Wohlbefinden und unseren Lebensweg;

- mentale Stärke ist trainierbar;

- mentales Training ist wirksam (*durch Studien eindeutig belegt*);

- Erfolg oder Misserfolg sind natürlich auch mental bedingt;

- wer hart arbeitet, um ein Ziel zu erreichen, darf den Erfolg seiner Arbeit nicht dadurch gefährden, dass er einen der wichtigsten Faktoren, den mentalen Faktor, dem Zufall überlässt;

- mentales Training ist persönlichkeitsbildend;

- mentales Training ist weder teuer noch zeitaufwendig.

Argumente gegen das mentale Training

Psychische Krankheiten müssen grundsätzlich von Fachleuten behandelt werden. Depressionen, Angststörungen u.a. sind begleitungsbedürftig. Der Fachmann entscheidet, ob und inwieweit Methoden des MT eingesetzt werden können oder nicht.

Wie mentales Training gelingt!

Jeder Spitzensportler, der mentales Training aktiv betreibt, muss:

- an seinem mentalen Wettkampfmanagement/ (*Aktivierung, Motivierung, Konzentration, Visualisierungsfähigkeit, Umgang mit Erfolg/Misserfolg, Stressresistenz und Einstellung/Erarbeitung der persönlichen Mischung von Aggressivität/Lockerheit*) UND

- an seinen Überzeugungen bzw. seinem Selbstvertrauen (*Selbsterkenntnis, stärkeorientiertes Denken, lebensbejahende Haltungen*) arbeiten.

An der eigenen mentalen Leistungsfähigkeit zu arbeiten, heißt also immer die ganze Persönlichkeit miteinzubeziehen, denn man kann den Sportler, Manager usw., der in einer gewissen Situation erfolgreich sein möchte, nicht vom Menschen trennen. Oder anders ausgedrückt: Wenn bestimmte Grundlagenkompetenzen nicht oder nicht ausreichend ausgebildet sind und das nötige Selbstvertrauen fehlt, kann das alleinige Wettkampfmanagement auf lange Sicht nicht erfolgreich sein.

Eine Grundvoraussetzung (weitere Hinweise dazu findest du in den nachfolgenden Abschnitten) für den Erfolg des Trainings der mentalen Stärke ist der Veränderungswunsch des Trainierenden und die Neugier, sich selber besser zu verstehen und seine Wahrnehmung auf seine Stärken auszurichten.

Drei Tipps für den Weg
zur mentalen Stärke

- ***Respektiere und akzeptiere den Umstand, dass der Trainingserfolg und Lernen im Allgemeinen nicht linear verläuft!***

Es kann und darf Wochen u. Monate geben, wo sich sehr viel weiterentwickelt und dann Gelerntes anscheinend wieder weniger greifbar ist. Akzeptiere diese Lernphasen, sie sind absolut normal und entsprechen dem menschlichen Lernrhythmus. Viel zu viele Menschen sind beim Erlernen neuer Verhaltensweisen schlicht und einfach zu ungeduldig. Auch beim Aufbau mentaler Stärke darf es Rückschläge oder Misserfolge geben, sie sind die Bausteine erfolgreichen Lernens.

- ***Würdige die erreichten Etappenziele!***

Wenn für dich nur das Endziel zählt, wirst du es wahrscheinlich nur schwerlich erreichen. Lege deinen Fokus auch auf bereits erreichte Ziele.

Das daraus entstehende Erfolgserlebnis hilft dir, weiter zu arbeiten.

- ***Wenn du das Gefühl hast, Hilfe beim Aufbau von mentaler Stärke zu brauchen, lass dir doch von einem/r erfahrenen Kollegen/in helfen.***
Du gehst ja auch zum Arzt, Anwalt, Ernährungsberater oder Versicherungsfachmann und lässt dich beraten.

<u>WICHTIG</u>: Die vorliegende Arbeit beschäftigt sich mit einem **Teilaspekt** des mentalen Trainings, dem Aufbau von mentaler Stärke durch das Training der Selbstwirksamkeitserwartung.

3. Selbstwirksamkeitstraining

Ziel und Auswirkungen des Selbstwirksamkeitstrainings?

Das hier vorgestellte Selbstwirksamkeitstraining zielt nachhaltig darauf ab, Haltungen im Sinne eines **ich- und leistungsfreundlichen Orientierungssystems** zu beeinflussen.

Die durch dieses Training in Gang gesetzte Neubewertung bzw. Veränderung von Überzeugungen, Einschätzungen und Werthaltungen fördert eine Form der **„Aktiven Gelassenheit"**, welche leistungsfördernd wirkt und den Prozess zur Steigerung des Selbstvertrauens in Gang setzt.

Durch die Steigerung des stärke- und hoffnungsorientierten Denkens wird die Konfrontation mit neuen, auch schwierigen Anforderungssituationen gesucht. Die Angst vor Misserfolgen, welche leistungshemmend wirkt, ist deutlich reduziert. Der aktiv Gelassene bewahrt die notwendige Ruhe und gesteht sich die für die erfolgreiche Ausführung der Aufgabe notwendige Zeit zu.

Die Leistungsfähigkeit wird in diesem Zustand erhöht, da Konzentration, Phantasie, Motivation und eine offensive Leistungserbringung ausgelöst werden. Das optimale Aktivierungsniveau *(innere Spannung)*, das für den Zugriff auf vorhandene Leistungspotentiale ausschlaggebend ist, wird schneller und leichter eingenommen. Trainierte Automatismen werden so abrufbar und die so wichtigen Erfolgserlebnisse wahrscheinlicher.

Aktive Gelassenheit kommt dem Urvertrauen gleich, dass die Lösung einer Aufgabe in irgendeiner *(nicht gänzlich festgelegter)* Form möglich ist und kommen wird.

Die Methoden, die du hier vorfindest, helfen dir „Angstgrenzen" zu überschreiten, indem Angst bereits im Vorfeld reduziert bzw. relativiert wird. So kannst und wirst du wichtige positive Erfolgserlebnisse erzielen, Negativversuche als notwendige, aber auch informative Erfahrungen akzeptieren und deine Selbstwirksamkeitserwartung in positiver Weise beeinflussen.

Verstehen/Selbsterkenntnis

Würdest du ein Fernsehgerät reparieren, obwohl du die technischen Grundlagen und Funktionsweisen des Gerätes nicht kennst? Natürlich nicht, aber wenn du das tust, dann läufst du Gefahr, dass du deine Zeit vergeudest, im schlimmeren Fall könntest du auch das Gerät beschädigen oder es gar kaputt machen.

Noch viel wichtiger ist dieser Grundsatz dann, wenn ein Mensch sich verändern möchte. Wenn du dich wirklich **nachhaltig** in einem Bereich weiterentwickeln möchtest, so musst du wissen, welche Werte, Einschätzungen und Überzeugungen deinem Verhalten zugrunde liegen.

Das wirkende verhaltenssteuernde und schützende Orientierungssystem muss erkannt und verstanden werden. Wenn ich mein Orientierungssystem verändern möchte, muss ich wissen, wie ich in bestimmten Situationen denke und wieso, wie ich in diesen

> *Selbstvertrauen gewinnt man dadurch,*
> *dass man genau das tut, wovor man Angst hat,*
> *und auf diese Weise eine Reihe von*
> *erfolgreichen Erfahrungen sammelt.*
>
> **Dale Carnegie (1888-1955)**

Situationen fühle, wahrnehme und schließlich hand-le *(dabei ist es nicht immer möglich und auch nicht immer notwendig, die Ursachen eindeutig zu lokalisieren)* und welche Werte, Einschätzungen und Überzeugungen dahinterstehen.

Diese sind nicht immer offen erkennbar, sondern oft versteckt bzw. unbewusst. Erschließen lassen sie sich über das Denken, Fühlen und die Verhaltensgewohnheiten.

Versuche die folgenden Abschnitte also auch dafür zu nutzen, deine Handlungen, dein Denken, deine Gefühle und deine Wahrnehmung zu verstehen. Am besten so wie ein wohlwollender Freund.

Fragebögen und Beobachtungsinstrumente sind Hilfsmittel, um sich besser kennenzulernen. Im Buch „leben lernen durch sport" oder über meine Internetseite:
http://www.sportpsychologie.it/martin.htm kannst du einige dieser Instrumente finden.

Und letztendlich spricht auch wirklich nichts dagegen, dir bei dieser Innenschau von vertrauten Personen helfen zu lassen.

Nur wenn die persönliche Ausgangslage berücksichtigt wird, eröffnet sich die Möglichkeit, die Firewall für eine Veränderung zu gewinnen. Ansonsten wird es ein mühevoller und oft aussichtsloser Kampf gegen Windmühlen, und die Überzeugung „Ich schaffe es nicht" verstärkt sich ein weiteres Mal.

> *Andere zu erkennen*
> *ist Weisheit, sich*
> *selbst zu erkennen*
> *ist Erleuchtung.*
>
> **Lao Tse**

Wie steht es mit deinen allgemeinen Selbstwirksamkeitserwartungen?

Der von Ralf Schwarzer und Matthias Jerusalem entwickelte Test zur Allgemeinen Selbstwirksamkeit ist ein hilfreiches Instrument, um grundlegende Erwartungen hinsichtlich der eigenen, vermuteten allgemeinen Kompetenzen kennenzulernen.

Bedenke bei psychologischen Tests jedoch immer, dass diese vorwiegend hinweisenden Charakter haben.

Diese Hinweise, die also immer auch noch einmal überprüft werden sollten, sind wichtige Informationen dafür, das eigene Orientierungssystem besser kennen und begreifen zu lernen.

Finde heraus, wie du in verschiedenen Situationen denkst, fühlst und wahrnimmst!

Fragebogen zur Allgemeinen Selbstwirksamkeitserwartung (SWE)

Frage	stimmt nicht	stimmt kaum	stimmt eher	stimmt genau
1. Wenn sich Widerstände auftun, finde ich Mittel und Wege, mich durchzusetzen.				
2. Die Lösung schwieriger Probleme gelingt mir immer, wenn ich mich darum bemühe.				
3. Es bereitet mir keine Schwierigkeiten, meine Absichten und Ziele zu verwirklichen.				
4. In unerwarteten Situationen weiß ich immer, wie ich mich verhalten soll.				
5. Auch bei überraschenden Ereignissen glaube ich, dass ich gut mit ihnen zurechtkommen kann.				

6. Schwierigkeiten sehe ich gelassen entgegen, weil ich meinen Fähigkeiten immer vertrauen kann.				
7. Was auch immer passiert, ich werde schon klarkommen.				
8. Für jedes Problem kann ich eine Lösung finden.				
9. Wenn eine neue Sache auf mich zukommt, weiß ich, wie ich damit umgehen kann.				
10. Wenn ein Problem auftaucht, kann ich es aus eigener Kraft meistern.				

(1) stimmt nicht, (2) stimmt kaum, (3) stimmt eher, (4) stimmt genau.[12]

---

[12]Quelle: http://psymet03.sowi.uni-Mainz.de/meinharg /Lehre/SS2010/SPSSKurs /Termin_ 1/SWE_Beschreibung .pdf (abgerufen am 01.07.2012 - die Tabelle wurde von mir angepasst)

Trainingsbeginn – 1. Schritt

Wie steht es mit deinen Überzeugungen und Einschätzungen hinsichtlich des Selbstwirksamkeitstrainings?

Von der Beantwortung der folgenden Fragen hängt dein Einsatz- und Durchhaltewille ab.

Kannst du z.B. diesen Einschätzungen zustimmen?

1. Ein schwaches Selbstvertrauen hat <u>nichts</u> mit mangelnder Intelligenz oder fehlender Motivation zu tun.

2. Das Selbstwirksamkeitstraining kann in jedem Altersabschnitt begonnen werden. Dafür ist es **nie** zu spät.

3. Selbstvertrauen ist Trainingssache, man kann es üben und lernen.

Und kannst du diesen Überzeugungen zustimmen:

1. Ich schaffe es, mein Denken und damit mein Verhalten zu verändern.

2. Ich habe immer wieder in meinem Leben dazugelernt, wieso sollte ich es diesmal nicht schaffen?

Nimm ehrlich, überlegt und wiederholt Stellung!

nein			teilweise			ja		
1	2	3	4	5	6	7	8	9

Bei einem klaren „Nein" *(und es gibt natürlich noch andere Negativhaltungen – ich nenne sie Saboteure)* rate ich dir dringend, deine „Haltungskonflikte" absolut ernst zu nehmen.

Starte erst mit dem Training, wenn du wirklich überzeugt bist, ans Ziel zu kommen.

Werthaltungen, Einschätzungen und Überzeugungen müssen weitgehend Übereinstimmung aufweisen. Wenn du z.B. glaubst, dass Selbstvertrauen genetisch vorbestimmt ist, hast du kaum Chancen, mit diesem Training erfolgreich zu sein.

> *Du kannst nur **mit** dir gewinnen, niemals gegen dich.*

Haltungen sind für das Gelingen eines Verhaltens und natürlich auch einer Verhaltensänderung elementar. Wenn du **nicht** überzeugt bist, dass Selbstvertrauen vor allem Trainingssache ist, wirst du von diesem Training wenig bis gar nicht profitieren. Du wirst ganz sicher recht behalten mit deiner Überzeugung, z.B. „Selbstvertrauen ist Vererbungssache" oder „Ich bin einfach zu dumm für dieses oder jenes". Deine eingeschliffenen Denkgewohnheiten liefern dir genügend Beweise für deine Theorie. Vielleicht beginnst du gar nicht mit dem Training und wenn ja, dann besteht die große Gefahr des frühzeitigen Abbruchs.

Viele Menschen machen leider immer wieder diesen entscheidenden Fehler, wenn es um die Verbesserung oder Veränderung eines Verhaltens geht. Sie möchten sich verändern, beginnen sofort mit einer mehr oder weniger radikalen Verhaltensänderung *(z.B. Diät)*, ohne jedoch die Überzeugung zu überprüfen, ob die eigenen Haltungen dafür sprechen, das Ziel erreichen zu können.

Bestehende Zweifel **müssen** ernst genommen werden, ansonsten entsteht Widerstand und das Scheitern ist vorprogrammiert.

Dein Organismus funktioniert ökonomisch und setzt nur dort Energien ein, wo es sich lohnt.

Wenn du dich jetzt dafür entscheidest, in Zukunft mit deinen Energien sinnvoll umzugehen, hast du schon einen wichtigen Schritt in die richtige Richtung gemacht.

Wer an das, was er vorhat oder tut, nicht glaubt, hat schon verloren, bevor er begonnen hat.

Methoden zur Steigerung der allgemeinen Selbstwirksamkeitserwartung

Die hier dargestellten Methoden und Vorgangsweisen, um eigene Überzeugungen, Einschätzungen und Werthaltungen nachhaltig zu beeinflussen, sind nicht von mir entwickelt worden. Vielmehr habe ich sie in meinen Ausbildungen zum Psychotherapeuten und Sportpsychologen kennen und anwenden gelernt. Es handelt sich hier vornehmlich um einen individuellen Mix von Methoden, die aus meiner Erfahrung geeignet sind, um sich selber besser kennen und neu orientieren bzw. anpassen zu lernen.

Nach der Vorstellung der Methoden und ihrer Anwendung findest du jeweils einen Bewertungsbalken. Gehe in dich und überlege genau, ob die vorgestellte Methode von deinen Haltungen getragen/akzeptiert wird.

Diese bewusste Auseinandersetzung mit dieser Frage ist Teil des hier vorgestellten Trainings und wird dir viel Zeit und Mühe ersparen.

Positive Selbstwirksamkeitserwartung durch positives, realistisches Denken

Realistisches *(positives)* Denken nach Albert Ellis ist auf das Hier und Jetzt gerichtet. Es erkennt die eigenen Stärken an und arbeitet am Machbaren. Der Respekt vor den Rechten der anderen wie vor den eigenen wird durch RET *(Rational-Emotive Therapie)* gepflegt. Das Training führt zu einer realistischen Fehleranalyse und zu einer aktiven Problembewältigung, verhindert aber allzu langes Hadern mit Fehlern und Unzulänglichkeiten und das Erstellen von Katastrophenszenarien, was meistens mit passivem Problemverhalten einhergeht. Damit wird der Weg frei für ein selbstverantwortliches und selbstbewusstes Handeln.

Das RET-Modell von Albert Ellis geht davon aus, dass realistisches Denken *(positives Denken)* bestimmten Regeln folgt. Realistisches Denken:

- erkennt die eigenen Stärken an,

- arbeitet mit den realistischen Bedingungen, die gegeben sind: Arbeit am Machbaren,

- glaubt daran, die gesteckten Ziele erreichen zu können,

- spürt Dankbarkeit für das Vorhandene oder bereits Erreichte,

- glaubt an die Gleichwertigkeit mit anderen Menschen,

- glaubt an bestimmte ethische Werte,

- vollzieht sich vor allem im Hier und Jetzt. Vergangenes und Zukünftiges sind nicht die Hauptelemente des Denkens.

Albert Ellis hat folgende Arten des negativen Denkens (**Denkfallen**) lokalisiert:

- Muss-Vorstellungen oder Tyrannei des Muss

- Alles-oder-Nichts-Denken

- Katastrophen-Denken

- Sich für alles verantwortlich fühlen

- Denken übers Denken

- Zukunfts- und Vergangenheitsdenken

Kennzeichen des negativen Denkens:

- Negatives Denken verursacht negative Gefühle

- Negatives Denken ist nicht realistisch

Schritte zur Erlernung des RET-Trainings nach Albert Ellis:

1. Das Aufschreiben der eigenen Gedanken ist der erste Schritt.

2. Die Gedanken werden auf negative, unrealistische Werthaltungen untersucht.

3. Unrealistische oder übertriebene Denkinhalte werden im Sinne der RET-Methode ersetzt. Z.B. Ich will eine gute Figur abgeben und möchte auch, dass andere mich in einem gu-

ten Licht sehen, aber erstens weiß ich, dass ich die Gedanken anderer nicht lesen kann und zweitens möchte ich meine Energie für Dinge einsetzen, die ich gerade tue.

Im ersten Teil der Neubewertung eines Bedürfnisses wird dem bestehenden Bedürfnis Anerkennung gezollt *(wichtig für die Abwehr)*, während im zweiten Teil der realistische Ansatz der neuen Haltung mit Bestimmtheit eingesetzt wird.

Da es sich um ein Training handelt, führt nur ständiges Üben zum Erfolg. Neue Denkgewohnheiten sind Übungssache.

Denkfallen

Unser Orientierungssystem steuert durch viele bewusst und unbewusst gelernte und übernommene *(oft unhinterfragte)* Haltungen unser Denken. Dieses Denken, es handelt sich hier meist um unbewusste Prozesse, führt zu Gefühlszuständen, die uns antreiben, aber auch ängstigen oder blockieren.

In diesem Abschnitt werden die wichtigsten Denkfallen, dabei handelt es sich um Haltungen, die sich negativ auf die Selbstwirksamkeit auswirken können, vorgestellt und mögliche hintergründige Glaubensgrundlagen *(z.B.: Man-muss-Regeln)* diskutiert. Bei den einzelnen „Denkfallen" stelle ich ein Beispiel vor, wie man mit der RET-Technik die eigenen bestehenden Gefühle in einem ersten Teil respektiert und ihnen damit Anerkennung gibt (wichtig für die Einbeziehung der Abwehr) und in einem zweiten Moment, dieser wird mit einem ABER eingeleitet, einen realistischen Teil anpasst. Der RET-Trainierende ist dazu angehalten für ihn stimmige Haltungen zu formulieren.

Die unter dem Punkt *„Zu hinterfragende Einschätzungen/Wertehaltungen ..."* aufgelisteten, möglichen Einschätzungen haben nicht den Anspruch auf Richtigkeit, sie sollen vielmehr als Beispiele bzw. Hinweise bei der Suche nach „wirksamen" Haltungen dienen.

Falle - Denken übers Denken

Was auch immer du glaubst, dass andere über dich denken, es ist falsch. Die Gedanken der anderen sind für dich unerreichbar, du kannst nicht Gedanken lesen. Was du glaubst, dass andere über dich denken, sind deine eigenen Gedanken. Verabschiede dich in deinem Tempo von der Gewohnheit darüber nachzudenken, was andere über dich denken. Wende die RET-Technik an!

RET: „Ich will eine gute Figur abgeben und möchte auch, dass andere mich in einem guten Licht sehen, **_aber_** _erstens weiß ich, dass ich die Gedanken anderer nicht lesen kann_

Wer sich weder durch Lob verführen, noch durch Tadel in Verwirrung bringen lässt, der besitzt großen Herzensfrieden.

Thomas von Kempen

und zweitens möchte ich meine Energie für Dinge einsetzen, die ich gerade tue."

Zu hinterfragende Einschätzungen sind:

- *„Es ist unerlässlich, dass man von seinen Mitbürgern ausschließlich positiv gesehen wird!*"

- *„Man muss eine gute Figur abgeben, dann wird man auch respektiert!*"

- *„Man sollte sich auf keinen Fall blamieren!*"

- *„Man muss versuchen, die Gedanken anderer zu lesen!*"

Falle – Fehler-Denken (Ich-darf-nicht oder Muss-Fehler)

Wer nichts tut, macht auch keine Fehler und kann sie so am effektivsten vermeiden. Nur, glücklich macht dich dies nicht. Konzentriere dich nicht darauf, Fehler zu vermeiden, versuche vielmehr deine Stärken

> *Ein Mensch, der keine Dummheiten macht, macht auch nichts Gescheites.*

und Möglichkeiten zu spüren, um dein Ziel zu erreichen.

RET: „Ich hasse es Fehler oder dumme Fehler zu machen, **aber** *erstens gehören Fehler zum Lernen dazu und zweitens ist es für die Ausführung einer Leistung produktiver, sich auf die eigenen Stärken zu konzentrieren.*"

Zu hinterfragende Einschätzungen sind:

- *„Man darf auf keinen Fall* (ist verboten) *dumme Fehler begehen!"*

- *„Wer Fehler macht, hat sich ganz sicher zu wenig angestrengt!"*

- *„Wer ordentlich arbeitet, macht auch keine Fehler!"*

- *„Ein guter Arbeiter macht keine Fehler!"*

- *„Fehler sind unannehmbar!"*

Falle – Alles-oder-Nichts-Denken

Der Entweder/Oder- *(auch Schwarz/Weiß-Denken)* Denkfehler ist ein weiterer Saboteur auf dem Weg zum Selbstvertrauen. Wer nur in den Dimensionen Sieg oder Niederlage denkt, kann nicht wirklich dazulernen, weil notwendige Analysen auf dem Weg des Zugewinnes eines Verhaltens nicht realistisch vorgenommen werden. Zudem leiden sog. Perfektionisten an dauernder Unzufriedenheit, denn die Perfektion ist letztendlich nur sehr selten erreichbar.

> *Nie glücklich ist, wer ewig dem nachjagt, was er nicht hat, und was er hat, vergisst.*

RET: „Ich will keine halben Sachen haben, entweder das passt ganz oder gar nicht, ***aber es ist mir klar, dass viele Etappenziele zuerst durchlaufen werden müssen, bevor das Endziel erreicht wird und deshalb will ich die kleinen Fortschritte und erreichten Ziele sehen und würdigen.***"

Zu hinterfragende Einschätzungen sind:

- *„Nur perfekte Resultate sind wertvolle Ergebnisse!"*

- *„Entweder ganz oder gar nicht!"*

- *„Wer halbe Sachen macht, ist zu faul, um ordentlich zu arbeiten!"*

Falle - Katastrophen-Denken

Ist es wirklich so, dass du in einer Katastrophe endest, wenn du eine Prüfung nicht bestehst oder eine Leistung nicht erbringst? Natürlich nicht, aber manchmal steigern wir uns in ein derartiges Szenario hinein und erleben es dann auch so. Die Steigerung der Angst verhilft uns dann nicht etwa zu einer besseren Leistung, das Gegenteil ist der Fall. Wenn der Spaß durch erdachte Horrorszenarien unterdrückt wird, besteht die Gefahr, dass die Angst einen zu hohen Level erreicht und „Überdruck" entsteht. Dieser Denkfehler tritt meist in Kombination mit Zukunfts- oder Vergangenheitsdenken auf.

RET: „Ich habe große Angst vor den Konsequenzen eines Misserfolges, ***aber die Suppe wird nicht so heiß gegessen, wie sie gekocht wird, deshalb will ich mich auf das konzentrieren was zu tun ist, den Rest wird man sehen.*"

Zu hinterfragende Einschätzungen sind:

- *„Es ist ganz furchtbar, wenn man scheitert. Man darf auf keinen Fall versagen!"*

- *„Es können ständig ganz schreckliche Dinge passieren!"*

- *„Man muss versuchen die Gefahren einer möglichen zukünftigen Katastrophe zu bedenken, dann kann man sie auch kontrollieren!"*

- *„Es lauern überall Gefahren, man muss ständig aufpassen!"*

Falle – Vergangenheits- oder Zukunftsdenken

Viele Menschen hadern mit Fehlern, die sie in der Vergangenheit gemacht haben oder setzen sich mit Dingen gedanklich auseinander, die noch weit entfernt sind. Das raubt Energie und macht meist „unnötig" unsicher und ängstlich.

RET: „Ich tendiere dazu, immer wieder über vergangene Fehler nachzudenken, **aber** _was war, ist vorbei und ich will mich auf das Hier und Jetzt konzentrieren._"

> *Laufe nicht der Vergangenheit nach, verliere dich nicht in der Zukunft. Die Vergangenheit ist nicht mehr. Die Zukunft ist noch nicht gekommen. Das Leben ist hier und jetzt.*
>
> **Buddha**

Zu hinterfragende Einschätzungen sind:

- *„Wenn man sich mit den begangenen Fehlern der Vergangenheit auseinandersetzt, kann man sie in Zukunft ausschalten!"*

- *„Wenn man sich Fehler lange genug vorwirft, entwickelt man Energie, um sie in Zukunft zu vermeiden!"*

- *„Wenn man sich mit zukünftigen Schwierigkeiten ausdauernd auseinandersetzt, kann man sie vermeiden!"*

Falle – Verantwortungsdenken

Übernimm Verantwortung für das, was du tust oder tun kannst. Alle anderen Dinge sind für dich nicht erreichbar und verschwenden nur unnütz Energie.

Tu, was du kannst, mit dem, was du hast, da, wo du bist.

RET: „Ich möchte Verantwortung für mich, für Dinge in meiner Umwelt und in der Welt übernehmen,

aber _ich bin mir bewusst, dass ich nur dort Verantwortung übernehmen kann, wo ich sie wirklich trage._"

Zu hinterfragende Einschätzungen sind:

- _„Wenn etwas schief gegangen ist, muss man sich immer fragen: „Was habe ICH falsch gemacht. Alles andere ist Quatsch!"_

- _„Wenn etwas in meiner unmittelbaren Nähe passiert ist, frage ich immer nach meiner Verantwortung!"_

Falle – Ergebnisdenken

Wenn das Ergebnis mit dem Wert einer Person gleichgesetzt wird, entsteht Ergebnisdenken. Wenn hauptsächlich erzielte Ergebnisse für die Entstehung von Selbstwert verantwortlich sind, steht bei jeder Leistungserbringung der Wert der eigenen Person auf dem Spiel. Damit entsteht „Überdruck", der in zu große Anspannung und dementsprechend zu Verkrampfung und Vermeidung führen kann.

RET: „Ich möchte gute Ergebnisse erzielen, wohl wie die meisten Menschen, **_aber in erster Linie möchte ich meine beste Leistung erbringen und mich auf das konzentrieren, was zu tun ist._**"

Zu hinterfragende Einschätzungen sind:

- *„Wenn man gewinnt, ist man wahrlich eine wertvolle Person!"*

- *„Es kommt immer aufs Ergebnis an. Gutes Ergebnis, gute Arbeit!"*

- *„Wenn man nicht gewinnt, ist man auch kein Winner!"*

- *„Glück und Zufriedenheit kann man letztendlich nur über gute Ergebnisse erreichen!"*

Falle – Vergleichsdenken

Wenn zwei Menschen den Everest besteigen, der eine mit der besten Ausrüstung, der andere barfuß, so würde wahrscheinlich niemand auf die Idee kommen, die Leistungen der beiden zu vergleichen.

Menschen stellen jedoch öfters derartige Vergleiche an und begehen damit grundlegende Fehler. Vermeide Vergleiche, sie hinken meistens.

RET: „Ich tendiere dazu, mich mit anderen zu vergleichen, **aber** _ich weiß, dass Vergleiche ungerecht und wenig hilfreich sind, deshalb will ich mich auf das konzentrieren, was zu tun ist._"

Der Verlierer vergleicht seine Leistungen mit denen anderer Leute.

Zu hinterfragende Einschätzungen sind:

- *„Man muss sich immer mit anderen vergleichen, dann kann man sehen, was richtig oder falsch läuft!"*

- *„Vergleiche sind immer positiv!"*

- *„Wenn man etwas nicht schafft, was andere schaffen, dann stimmt etwas nicht!"*

Falle – Werthaltungen/Einschätzungen

Wir brauchen eine Vorstellung darüber, wie die Welt funktioniert und was richtig und falsch ist. Diese Vorstellungen beeinflussen unser Denken und unser Handeln. Wenn Einschätzungen jedoch „zementiert" sind, dann sind Veränderungen sehr schwierig. Wenn du z.B. den Glaubenssatz: „Wer einmal lügt, dem glaubt man nicht" in deinem Orientierungssystem fest verankert hast, dann wird es ganz schwierig bis unmöglich, einen größeren Freundeskreis aufzubauen.

> *Man kann auf seinem Standpunkt stehen, aber man sollte nicht darauf sitzen.*
>
> ***Erich Kästner***

RET: „Ich finde es wichtig, wenn man Grundsätze hat und sie auch einhält, ***aber Menschen werden immer wieder schwach werden, deshalb sind sie nicht grundsätzlich schlecht.***"

Zu hinterfragende Einschätzungen sind:

- *„Grundsätze dürfen auf keinen Fall gebrochen werden!"*

- *„Wer eigene Grundsätze bricht, ist willensschwach und letztendlich ein Versager!"*

- *„Man muss immer und überall seinen Prinzipien treu bleiben!"*

Falle – Lernen

Sei dir bewusst, dass denken lernen nicht linear verläuft. Es kann und darf Wochen und Monate geben, wo sich sehr viel weiterentwickelt und dann Gelerntes anscheinend wieder weniger greifbar ist. Akzeptiere diese Lernphasen, sie sind absolut normal und entsprechen dem menschlichen Lernrhythmus. Viel zu viele Menschen sind beim Erlernen neuer Verhaltensweisen schlicht und einfach zu ungeduldig. Auch beim Aufbau mentaler Stärke darf es Rückschläge oder Misserfolge geben, sie sind die Bausteine erfolgreichen Lernens. *Würdige deine erreichten Etappenziele!* Wenn für dich nur das Endziel zählt, wirst du es wahrscheinlich nur schwerlich erreichen. Lege deinen Fokus auch auf bereits erreichte Ziele. Das daraus entstehende Selbstvertrauen gibt Kraft und hilft dir weiter zu arbeiten. Wenn du dich mit dem Buch alleine schwer tust, lass dir doch von einem/r erfahrenen Kollegen/in helfen. Du gehst ja auch zum Arzt, Anwalt, Ernährungsberater oder Versicherungsfachmann und lässt dich beraten.

RET: „Ich habe das Gefühl, nicht dazulernen zu können oder einfach – was mein Selbstvertrauen betrifft – nicht richtig weiter zu kommen, ***aber ich habe so viel in meinem Leben dazugelernt. Es gibt kein realistisches Argument dagegen, wieso ich nicht daran glauben sollte, auch im Bereich Selbstvertrauen dazu zu gewinnen.***"

Es gibt noch andere Denkfallen, die Teil der Wahrnehmung bzw. des Denkens sind. Suche nach ihnen und versuche sie durch realistische Haltungen nach dem RET-System zu ersetzen.

Bewerte deine Zustimmung zu dieser Methode der Denkumstellung!

ein			teilweise			ja		
1	2	3	4	5	6	7	8	9

Positive Selbstwirksamkeitserwartung durch realistische Interpretationen & Analysen

Es gibt auf dieser Welt sehr viele tüchtige, intelligente und disziplinierte Menschen, die mit unglaublichem Einsatz und Können ihre Ziele anpeilen. Ihre Leistungen sind durchschnittlich, manchmal sogar überdurchschnittlich und nicht selten auch hervorragend und trotzdem leiden sie an mangelndem Selbstvertrauen. Sie können ihre meist guten Voraussetzungen nur sehr ungenügend dafür nutzen, Selbstvertrauen und ein Gefühl der Sicherheit aufzubauen.

Bei genauer Analyse ihres Leistungsverhaltens stechen 2 Dinge ins Auge.

1. ***Vor der Leistung (Interpretation):*** Sie interpretieren Leistungsanforderungen vor einer Leistung in der Summe meist als schwierig. Die eigenen Möglichkeiten, die Leistungsanforderung meistern zu können, werden überwiegend skeptisch und die möglichen Auswirkungen negativ beurteilt.

2. ***Nach der Leistung (Analyse):*** Die Analyse ihrer Leistungen fällt im Nachhinein in der Summe negativ aus. Sie sind von ihren erbrachten Leistungen nicht überzeugt. Fast immer gibt es ein „Ja, aber", auch wenn die Leistung objektiv gesehen gut war.

<u>Wichtig</u>: Die Interpretation sowie die Analyse können in klaren Gedanken, aber genauso gut in Emotionen zutage treten. Ein ungutes Gefühl, das möglicherweise vorerst gar nicht zugeordnet werden kann, weist natürlich darauf hin, dass ein Auslöser

(z.B. laute Stimme) eine bewusste oder unbewusste Interpretation bzw. Analyse auslöst.

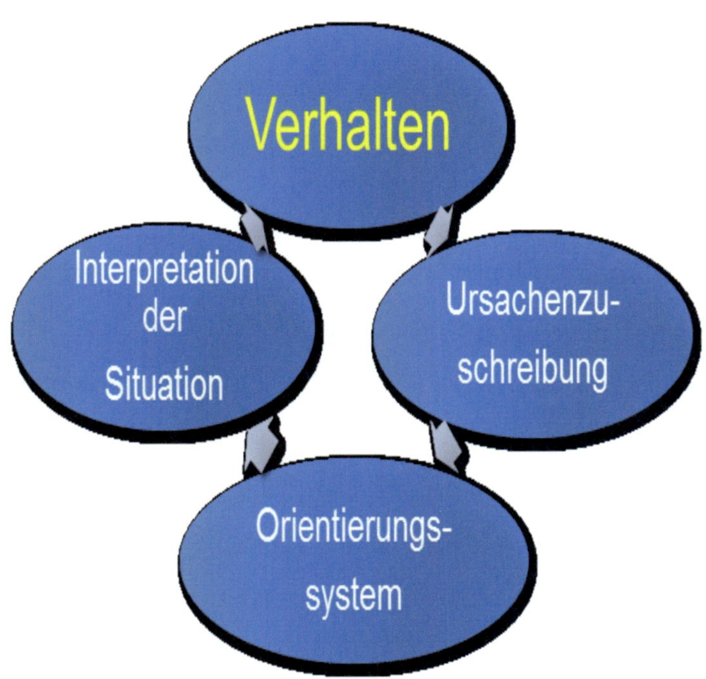

Vor jeder Leistungsanforderung steht also eine Orientierung *(kann bewusst sein, sie ist jedoch aus Gründen des Energiemanagements sehr oft unbewusst)*. Dabei werden die Bedingungen einer Leistungsanforderung, die eigenen Ressourcen sowie die möglichen Auswirkungen überprüft und bewertet. Nach der Leistung erfolgt dann eine Bewertung derselben, wobei diese wiederum Niederschlag im Orientierungssystem des Menschen findet, der bei der nächsten Leistungsanforderung Auswirkungen hat.

Dieser menschliche Mechanismus funktioniert meist unbewusst und steuert unser Verhalten. Der Automatismus des Interpretierens und Analysierens ist ausschlaggebend dafür, ob Selbstvertrauen aufgebaut werden kann oder nicht. Will man nun auf diesen Automatismus Einfluss nehmen, muss <u>bewusstes</u> Training des Interpretierens und Analysierens erfolgen.

Staatsanwalt oder Anwalt?

Wer ständig sein eigener Staatsanwalt ist, also sich ständig anklagt und darauf hinweist, was alles noch nicht da ist bzw. was alles noch nicht funktioniert oder aber sich vorstellt, was alles passieren könnte, wenn etwas schief geht, hat praktisch keine Chance, sein Selbstvertrauen aufzubauen. Das Selbstvertrauen ist ein Gefühl, das sich von Ereignissen und deren Interpretation ernährt. Wenn die Analyse einer Leistung meist mit „ich hätte schneller, stärker, intelligenter, ausdauernder usw. sein müssen" endet, so spielt man die Rolle des Staatsanwaltes, was auf Dauer gesehen zu einer Senkung des Selbstvertrauens beiträgt.

Kann man die Rolle des Anwaltes *(er ist der Verteidiger des Ich und baut Selbstvertrauen auf)* lernen?

Ja, ganz eindeutig, wenn man grundsätzlich <u>vor</u> und <u>nach</u> erbrachten Leistungen bestimmte Grundorientierungen im Denken einhält.

a. Beginne bei deinen Interpretationen und Analysen mit den negativen Aspekten der erwarteten bzw. vollbrachten Leistung und höre mit den positiven auf!

b. Achte darauf, dass <u>mindestens</u> gleich viel Zeit für die positiven Aspekte einer Leistungserwartung bzw. Leistungserklärung verwendet wird.

c. Die Interpretation bzw. Analyse einer zu erwartenden bzw. vollbrachten Leistung muss zeitlich begrenzt bleiben. Wer zu viel Zeit mit Dingen verbringt, die noch nicht da bzw. schon vergangen sind, hat weniger Energie für das Wichtigste – das Hier und Jetzt.

d. Das Sprichwort „Selbstlob stinkt!" ist Gift für das Selbstvertrauen. Freue und lobe dich über die vielen guten Seiten, die du hast. Diesen Seelenbalsam brauchen wir, um positive Überzeugungen aufzubauen.

e. Setze vor einer Leistungsanforderung die Visualisierung mit deinem Gefühl des „Ja, das geht" ein.

f. Akzeptiere, dass die neue Denkweise vorerst künstlich erscheint. Jedes neue Verhalten muss geübt werden, bis es angenommen wird.

Das Gespräch mit deinem Staatsanwalt

Wenn dich **dein** Staatsanwalt *(es ist die innere Stimme, die dich antreibt, dir Vorwürfe macht, dich ängstigt und dir immer wieder sagt, dass du viiiiiiel schlechter bist als alle anderen usw.)* wieder mal gnadenlos in die Pfanne haut, dann konfrontiere ihn mit der Technik des RET und weise ihm seinen Platz zu.

Zolle ihm immer Respekt dafür, dass er deine *(alten, überholten, unbrauchbaren)* Überzeugungen schützt, aber zeige ihm auf, dass er heute neue Überlegungen zu den bestehenden Überzeugungen respektieren und berücksichtigen muss.

Du wirst bemerken, dass dein „Staatsanwalt" verhandlungsbereit ist und sich öffnet, wenn man im Gespräch mit ihm den richtigen Ton benutzt und wenn man vor allem den Faktor Zeit berücksichtigt.

Das oberste Ziel im Umgang mit der eigenen kritischen Stimme ist nicht, dass diese zum Schweigen gebracht wird. Angstmachende oder anklagende Überzeugungen, Einschätzungen und Werthaltungen werden immer „einen" Platz in deinem Leben behalten, aber sie werden ihre handlungsblockierende Wirkung mehr und mehr verlieren.

Lebensrechte achten!

Selbstvertrauen kann sich ohne Achtung der Lebensrechte, die uns allen in die Wiege gelegt wurden, nicht entwickeln.

Achtest du DEINE Lebensrechte? Teste dich!

ICH habe das **Recht**:

Recht	**Unterschrift**
dass andere meine Lebensrechte respektieren.	
mich auch an die erste Stelle zu setzen.	
um Hilfe zu fragen und Hilfe zu geben.	
glücklich zu sein.	
nein zu sagen.	
meine Stärke anzuerkennen.	
dumme Fehler zu machen.	
mich gehen zu lassen.	
Neues auszuprobieren.	
das zu tun und so zu sein, wie ich mich fühle.	
Pause zu machen, wenn ich es brauche.	
mir die Zeit zu geben, die es braucht, um eine Aufgabe zu erledigen.	
meine Gefühle ernst zu nehmen und ihnen Platz zu lassen.	

meine Neigungen und Interessen zu leben, solange die Rechte anderer nicht eingeschränkt oder verletzt werden.	
mir alle Rechte zuzustehen, wie ich sie auch anderen zugestehe.	
meine Überzeugungen, Einschätzungen und Werthaltungen zu ändern und mich weiterzuentwickeln.	

Kannst du deine Unterschrift neben diesen deinen Lebensrechten setzen? Nein?

Arbeite mit RET, Interpretation & Analyse und lebensbejahenden „Lebensweisheiten" daran, deine Lebensrechte zu respektieren und zu leben.

Du bist ein Original

Jeder Mensch ist ein Original, er ist etwas Erstes und Einzigartiges und es war noch nie ein gleicher Mensch auf dieser Welt. Dieses Bewusstsein sollte uns Kraft geben, nicht alles im Detail gleich machen zu müssen wie alle anderen oder andere gar zu kopieren. Vergleiche werden durch diese Einschätzung relativiert und die Suche nach der inneren, einzigartigen Kombination von Kraft, Kreativität, Interesse u.a. menschlichen Qualitäten wird gefördert.

Dazu eine Geschichte aus „Der Weg des Menschen" v. Martin Buber. Der weise Rabbi Bunam sagt einmal im Alter, als er schon erblindet war: „Ich möchte nicht mit Vater Abraham tauschen. Was hätte Gott davon, wenn der Erzvater Abraham wie der blinde Bunam würde und der blinde Bunam wie Abraham?"

Jede Analyse einer ausgeführten Handlung beeinflusst die bevorstehende Handlung. Wer in der Bewertung der eigenen Leistung überwiegend schlecht aussteigt, tut sich keinen Gefallen. Er baut seine Überzeugung, eine Handlung erfolgreich ausführen zu können, mit jeder Negativbewertung ab und schafft negative Bedingungen für zukünftige Interpretationen.

Das Gefühl der Stärke kann dir niemand geben, außer du selbst. Du kannst lernen, zu dir zu stehen, deine Rechte, Bedürfnisse und Interessen zu würdigen, anstatt das Wasserglas halb leer zu sehen.

Bewerte deine Zustimmung zu dieser Methode der stärkeorientierten bewussten Interpretation bzw. Analyse einer bevorstehenden oder vollbrachten Leistung.

nein			teilweise			ja		
1	2	3	4	5	6	7	8	9

Positive Selbstwirksamkeitserwartung durch veränderte Körperhaltung

Du sprichst mit deiner Umwelt in Worten, aber auch mit Gesten, mit deiner Mimik und mit all deinen Körperhaltungen im Stehen, Gehen und Sitzen. „Man kann nicht nicht kommunizieren" ist ein sehr berühmter Ausspruch von Paul Watzlawik, der damit den Umfang der Kommunikation in 5 Worten treffend beschrieben hat.

Bewusste und unbewusste Gedanken und Stimmungen zeigen sich auch über unseren Körper und so werden Dinge sichtbar, die über den Inhalt der Sprache hinausgehen.

Wir können aber auch über die bewusste Einflussnahme auf Körperhaltungen Einstellungen und vor allem Stimmungen erzeugen, die uns in vielen Situationen weiterhelfen.

Interpretierte Strichfiguren von Körperhaltungen.[13]

Auch in diesem Bereich ist es vorerst notwendig, sich selber besser kennen zu lernen. Beobachte dich zunächst und stelle dir die nachfolgenden Fragen. In einem zweiten Moment kannst du deine Beobach-

---

[13]Quelle: Argyle Michael - Körpersprache und Kommunikation (Taschenbuch)- Verlag: Junfermann; Auflage: 9. A. (1. Januar 2005)

tungen/Einschätzungen überprüfen, indem du die gleichen Fragen auch einer oder mehreren vertrauten Personen stellst.

Sicherheit	Unsicherheit
Wie stehst du?	
Wie gehst du?	
Wie sitzt du?	
Welche Mimik machst du?	
Wie gestikulierst du?	
Wie redest du?	
Wohin schaust du?	
Was fühlst du?	
Und alle anderen Körpersignale!	

(Achte auf: Schultern, Oberkörper, Kopf, Beine, Arme, Hände, Gesicht, Atmung, Lautstärke der Stimme und andere wichtige „Signale", z.B. „Wohin schaust du in der entsprechenden Situation?")

Nehmen wir nun an, dass euch *(dir und deinen vertrauten Personen)* aufgefallen ist, dass du in Situationen, in denen du dich unsicher fühlst, verstärkt mit den Händen gestikulierst und deinem Gesprächspartner nicht in die Augen schaust, so sind dies wichtige Ansatzpunkte. Deine Körperbewegungen sind für dich Signale *(sie machen Stimmungen sichtbar)*, aber sie sind auch zugleich Auslöser. In einem zweiten Moment kannst du überprüfen, welche Körperhaltungen, Wahrnehmungen, Gesten u.a. für dich in gleichen oder ähnlichen Situationen Sicherheit signalisieren. Es kann sein, dass die „Ruhigstellung" der Hände und der direkte Augenkontakt bereits ein verändertes Gefühl produzieren, es kann aber auch sein, dass noch andere „Körpersignale" für Sicherheit in gleichen oder ähnlichen Situationen stehen. Diese gilt es dann zu nutzen und vor Ort einzusetzen.

Körperliche Reiz-Reaktions-Muster sind meist unbewusst und sind Auslöser für Verhaltensweisen und entsprechende Gefühle. Die bewusste Einflussnahme auf Körperhaltungen ist eine gute Strategie, um die Veränderungen im Denken zu unterstützen.

Eine Einschätzung, die deine körperliche Arbeit unterstützt, muss lauten: „Ich bin mir bewusst, dass ‚alte Gewohnheiten' Zeit brauchen, um neuem Verhalten Platz zu machen. Deshalb werde ich mir die Zeit geben, um immer wieder meine ‚körperlichen Sicherheitssignale' bewusst zu nutzen."

Die Körper-Sprache ist wahrhaftiger als die Wort-Sprache.

Bewerte deine Zustimmung zu dieser Methode der Nutzung der bewussten Einflussnahme auf Körperhaltungen u.a.!

nein			teilweise			ja		
1	2	3	4	5	6	7	8	9

Positive Selbstwirksamkeitserwartung durch Visualisierung

In fast allen Kulturkreisen wurden und werden Vorstellungen als wichtige Grundlage für die Vorbereitung auf eine Leistung eingesetzt. So haben bereits Steinzeitmenschen nachweislich die Bärenjagd in einer Art Tanz durchgespielt. Bei vielen Urvölkern ist diese Art der Leistungsvorbereitung durch rituelle Handlungen bis in unsere Zeit erhalten geblieben. Heute wird die Visualisierung im sportlichen Wettkampf, aber auch in vielen anderen Bereichen eingesetzt. In der Sportpsychologie gehört die Visualisierung zum Standardinventar sportpsychologischer Methodik und wird genutzt, um Konzentration, Bewegungs-, Handlungs- und Überzeugungssicherheit aufzubauen.

„Unter mentalem Training ist die planmäßige, wiederholte und bewusst durchgeführte Vorstellung einer Handlung bzw. Bewegung ohne deren gleichzeitige praktische Ausführung zu verstehen."[14]

Wie bereits erwähnt, lösen Vorstellungen unbewusste körperliche Reaktionen aus *(Carpenter-Effekt)*. In vielen Untersuchungen wurde nachgewiesen, dass die planmäßige Vorstellung *(möglichst mit allen Sinnen)* von Bewegungsabläufen dazu führt, dass Lernen stattfindet, auch wenn keine praktische Ausführung erfolgt. Die Kombination von praktischer Ausführung und Vorstellungsübung ist dem reinen praktischen Ausführen einer Handlung überlegen.

Bei dieser Methode stellt sich der Übende – eine kurze Entspannung sollte vorausgegangen sein – vor, wie er die bevorstehende Aufgabe meistert. Dabei setzt er möglichst alle Sinne ein *(Sehen, Hören, Fühlen, Spüren, Schmecken)* und kann dazu

---

[14]Driskell et al., (1994), Eberspächer (2001), Feitz&Landers (1993), Immenroth (2003) u.a (Quelle: Seminarunterlagen von Immenroth)

auch verbale Unterstützung geben *(subvokale Unterstützung - z.B. „laaaang bleiben und jetzt …")*.

Wichtig dabei ist, dass der Übende nicht nur schwierige Bewegungs- oder Aufgabenabschnitte visualisiert, sondern möglichst die gesamte Aufgabe und immer auch Abschnitte, die bereits gut funktionieren. Wer nur schwierige oder nicht funktionierende Handlungs- bzw. Bewegungsausführungen visualisiert, macht einen psychologischen Fehler. Es besteht die Gefahr, dass die Wahrnehmung zu sehr auf das „Fehlerhafte" gerichtet wird und dadurch im Sinne der „Sich-Selbst-erfüllenden-Prophezeiung" eher „Angst" aufgebaut statt „Sicherheit und Überzeugung" aktiviert wird.

Grundsätzliches zur Visualisierungsübung:

- Das Visualisieren ist eine wirkungsvolle Technik, um Selbstkontrolle, Selbstvertrauen und mentale Stärke zu erlernen. Sie stärkt die Konzentrationsfähigkeit und gibt Sicherheit für die Bewältigung der bevorstehenden Aufgabe.

- Jeder unterscheidet sich in seiner Fähigkeit des Visualisierens. Manche können sich ein sehr klares Bild in all seinen Einzelheiten machen. Andere können nur sehr wenig „sehen" und/oder „erleben". Der Erfolg der Visualisierungsübung hängt jedoch nicht allein davon ab, wie lückenlos bildhaft der Bewegungsablauf hergestellt werden kann.

- Die Fähigkeit zu visualisieren ist eine erlernte Fähigkeit. Je mehr sie trainiert wird, umso besser funktioniert sie.

Unter welchen Bedingungen hat Visualisierung die stärkste Wirkung?

- Wenn die Visualisierungsschritte eingehalten werden.

- Wenn es gelingt, Ablenkungen auszublenden und eine wirksame Entspannung vor der Visualisierungsübung herzustellen.

- Wenn der Übende über möglichst viel praktische Erfahrung verfügt.

- Wenn in so vielen Einzelheiten wie möglich und mit allen Sinnen visualisiert wird.

- Wenn regelmäßig wiederholt und geübt wird.

- Wenn man an die positive Wirkung der Visualisierung glaubt.

Formen der Visualisierung

Innere Wahrnehmung	Äußere Wahrnehmung	Kinästhetisch
Sportler sieht die Welt aus der Ich-Perspektive	Sportler sieht die Welt aus der „Dritte Person-Perspektive"	Sportler bezieht die Wahrnehmung seiner Muskelgruppen in die Visualisierung ein

Visualisierung des Gefühls „Yes I can!"

Wir alle kennen jene Hochgefühle, die sich dann entwickeln, wenn wir uns in einer Situation richtig wohlfühlen, wenn wir uns auf eine Aufgabe freuen, weil wir dieses tiefe Wissen in uns verspüren, die Aufgabe meistern zu können. Diese Hochstimmung taucht dann wieder ab, um in einem anderen Moment wieder da zu sein. Der Mensch ist imstande Gefühlserinnerungen zu nutzen, indem er ein erlebtes Gefühl durch Visualisierung wieder lebendig macht.

Mit der Technik des Ankersetzens können verschiedene Gefühlserinnerungen sehr schnell wieder hergestellt werden. Dabei wird zunächst

> *Man fliegt nur so weit, wie man im Kopf schon ist.*
>
> **Jens Weißflog, Skispringer**

in einer entspannten Situation die gewollte Gefühlserinnerung visualisiert und mit einem Reiz *(z.B. Druck an eine Körperstelle)* verbunden. Das Ankersetzen ist eine wertvolle Hilfestellung und ergänzt die Strategien zum Aufbau von Selbstvertrauen.

Der bewusste, planmäßige Einsatz nimmt auch bei der Erhöhung der allgemeinen Selbstwirksamkeitserwartung eine wichtige Stellung ein.

Bewerte deine Zustimmung zu dieser Methode der Nutzung von Vorstellungen zur Stabilisierung eines Verhaltens!

nein			teilweise			ja		
1	2	3	4	5	6	7	8	9

Positive Selbstwirksamkeitserwartung durch Selbsthypnose

Vor langer Zeit überlegten die Götter, dass es sehr schlecht wäre, wenn die Menschen die Weisheit des Universums finden würden, bevor sie tatsächlich reif genug dafür wären. Also entschieden die Götter, die Weisheit des Universums so lange an einem Ort zu verstecken, wo die Menschen sie solange nicht finden würden, bis sie reif genug sein würden.

Einer der Götter schlug vor, die Weisheit auf dem höchsten Berg der Erde zu verstecken. Aber schnell erkannten die Götter, dass der Mensch bald alle Berge erklimmen würde und die Weisheit dort nicht sicher genug versteckt wäre. Ein anderer schlug vor, die Weisheit an der tiefsten Stelle im Meer zu verstecken. Aber auch dort sahen die Götter die Gefahr, dass die Menschen die Weisheit zu früh finden würden.

Dann äußerte der weiseste aller Götter seinen Vorschlag: „Ich weiß, was zu tun ist. Lasst uns die Weisheit des Universums im Menschen selbst verstecken. Er wird dort erst dann danach suchen, wenn er reif genug ist, denn er muss dazu den Weg in sein Inneres gehen." Die anderen Götter waren von diesem Vorschlag begeistert und so versteckten sie die Weisheit des Universums im Menschen selbst.

(Verfasser unbekannt)

Diese Geschichte zeigt in metaphorischer Weise auf, dass in uns viele Antworten verborgen sind. Du hast sicher auch die Erfahrung gemacht, einem Menschen auf der Straße zu begegnen, den du recht gut kennst, dessen Name dir aber entfallen ist. Du denkst und denkst, aber der Name will dir einfach nicht einfallen. Plötzlich, du hast schon eine Weile damit aufgehört an den Namen zu denken, erscheint ein „Aha" in deinem Bewusstsein und dir ist wieder völlig klar, wie der/die Bekannte heißt.

Von diesen Phänomenen gibt es noch viele andere mehr. So berichten Erfinder, dass sie nach langer harter, bewusster Arbeit im Schlaf eine Idee hatten, die ihnen den richtigen Weg zeigte. Von Edison ist bekannt, dass er gezielt Ruhephasen nutzte, um nützliche Träume zu erhalten. Er war überzeugt davon, dass sein Unterbewusstsein an den Projekten weiter arbeitete. Meine Mutter besteht z.B. bei jedem größeren Kauf darauf, eine Nacht darüber zu schlafen. Sie bekomme dadurch das Gefühl, ob sich der Kauf lohne oder nicht.

Anscheinend gibt es bei vielen Menschen ein grundlegendes Vertrauen gegenüber einem tieferen Wissen, das ohne Zweifel da ist und vor allem im Traum, aber auch in hypnotischen Zuständen zugänglich wird.

Die Selbsthypnose ist eine der ältesten Therapiemethoden, bereits die alten Ägypter kannten den sog. Heilschlaf. In vielen anderen Kulturen sind schon vor Jahrtausenden ähnliche, auf die gelassene Achtsamkeit nach innen ausgerichtete, Methoden zum Einsatz gekommen.

Bei der Selbsthypnose geht es darum, von sich selber zu lernen, jedoch indem man versucht, die bewusste Arbeit an einem Problem mit einer gelassenen Achtsamkeit nach innen auszutauschen. Nicht der bewusste Verstand, der im Verhältnis zum unbewussten Teil eher begrenzt ist, soll es regeln, sondern der Teil, den man als nicht bewusstes Wissen bezeichnet.

Die Arbeit mit dem Unbewussten stellt einen direkten Bezug zur angepeilten Haltung der aktiven Gelassenheit dar. Das Vertrauen oder besser gesagt das Urvertrauen in die eigenen Möglichkeiten ist immer mit dem Glauben verbunden, dass vieles in uns auch unbewusst für uns arbeitet und gut funktioniert. Gerade dann, wenn unser bewusstes Ich die Fülle von Informationen *(z.B. bei einem sportlichen Wettkampf)* nicht mehr verarbeiten kann, ist die Zurücknahme bewusster kognitiver Denkvorgänge wichtig, um unser Unbewusstes arbeiten zu lassen.

Wenn es um die Organisation einer neuen wichtigen Überzeugung, Werthaltung oder Einschätzung geht, die es gilt mit den bestehenden Überzeugungen in Einklang zu bringen, kann Selbsthypnose äußerst hilfreich sein.

Wer diesen Weg für den Aufbau neuer Verhaltensweisen nutzen möchte, sollte dies zunächst unter Anleitung tun.

Positive Selbstwirksamkeitserwartung durch Lebensweisheiten und Weltanschauungen!

Lebensweisheiten und Weltanschauungen haben seit jeher in allen Kulturen und Gesellschaften einen festen Platz. Es handelt sich um Überlegungen von Menschen zu Werthaltungen, Einschätzungen und Überzeugungen, die durch viele Jahrhunderte hindurch von Menschen in allen Kultur- und Gesellschaftskreisen entworfen wurden und als Hilfestellungen im Umgang mit Herausforderungen weitergegeben wurden/werden.

Diese Modelle von Werthaltungen sollen neue Perspektiven eröffnen. Die Auseinandersetzung mit den eigenen „Lebensregeln" oder „Prinzipien" schafft Motivation und die Voraussetzung für eine Neubewertung der eigenen Denk- und Handlungsmuster.

Hier eine kleine Auswahl:

Nicht das, was sie eigentlich sind, hindert Sie am Erfolg, sondern das, was Sie meinen, nicht zu sein!

*

Nimm das Leben nicht so ernst, du kommst da eh nicht lebend wieder raus!

*

Die Gedanken von heute sind die Wirklichkeit von morgen.

*

Der Erfolg ist eine Folgeerscheinung, niemals darf er zum Ziel werden.

Gustave Flaubert

*

Es gibt mehr Leute, die kapitulieren, als solche die scheitern.

*

Wer Erfolg haben will, darf keine Angst haben Fehler zu machen.

*

Optimismus ist die Fähigkeit, den blauen Himmel hinter Wolken zu ahnen.

*

Menschen, die das Risiko scheuen, gehen das größere Risiko ein.

*

Wer keinen Mut zum Träumen hat, hat keine Kraft zu kämpfen.

*

Wer nicht hofft, dem wird das Unverhoffte nie begegnen.

*

Alles kommt schließlich zu dem, der warten kann.

Sprichwort aus Amerika

*

Sobald du dir vertraust, weißt du zu leben.

Lao Tse

*

Der Mensch kann keine neuen Meere entdecken, bevor er nicht den Mut hat, die Küste aus den Augen zu verlieren.

Ich habe zu den Themen „Erfolg", „Misserfolg", „Denken", „Ziele", „Erwartungen", „Aussagen v. Sportlern" und „Spaß" PowerPoint-Präsentationen erstellt. Hier die Adresse zum Herunterladen: *(http://www.sportpsychologie.it/martin.htm).*

Und natürlich können auch Geschichten oder Metaphern und Bilder benutzt werden, um Einstellungen zu überprüfen. Eine sehr empfehlenswerte Literatur dazu ist „Der Kaufmann und der Papagei: Orientalische Geschichten in der Positiven Psychotherapie" von Nossrat Peseschkian *(Taschenbuch - 22. Mai 2012)*

Bewerte deine Zustimmung zu dieser Methode der Nutzung von Weltanschauungen bzw. Lebensweisheiten.

nein			teilweise			ja		
1	2	3	4	5	6	7	8	9

4. Spezifische Selbstwirksamkeit

Wenn ein Sportpsychologe oder Mentaltrainer aufgesucht wird, dann geht es oft um die Veränderung eines spezifischen Verhaltens.

Immer dann, wenn eine konkrete Leistungskompetenz (z.B. aggressives Zweikampfverhalten im Eishockey) nicht oder nicht mehr abrufbar ist, so ist vorwiegend eine spezifische Selbstwirksamkeitserwartung davon betroffen.

Im Mittelpunkt des Aufbauens von Selbstvertrauen muss eine individuelle <u>Analyse der Ausgangslage</u> und des <u>Zielverhaltens</u> stehen.

Bei der Veränderung eines spezifischen Handlungsmusters sollte man auf jeden Fall mit jemandem zusammenarbeiten, der mit der nötigen Erfahrung und Professionalität diesen Veränderungswunsch begleitet.

Zur besseren Veranschaulichung ein (fiktives) Beispiel

Ein Eishockeyspieler verletzt sich bei einem Spiel *(im Zweikampf)* schwer. Trotz gänzlicher Genesung spielt er aber – immer dann, wenn er in einen Zweikampf verwickelt ist – zaghaft und zurückhaltend (eine zutiefst normale, menschliche Reaktion, denn der Organismus will instinktiv eine weitere Verletzung vermeiden).

Nehmen wir weiter an, dass der Sportler motiviert ist, das „zaghafte Zweikampfverhalten" abzustellen, er aber immer wieder trotz Bemühen dasselbe leistungshemmende Verhaltensmuster zeigt. Dies, so nehmen wir hypothetisch an, hat mittlerweile dazu geführt, dass er seinen Stammplatz verloren und in der Folge sein Selbstvertrauen Schaden genommen hat.

Die persönliche Ausgangslage verstehen!

Im vorliegenden Fall scheint das Verstehen des Zusammenhanges auf den ersten Blick nicht sehr schwer. Die Angst vor einer neuerlichen Verletzung bedingt sehr wahrscheinlich eine *(oft unbewusste)* Verhaltenskette, die zum zaghaften/gebremsten Verhalten *(auch als Schonverhalten bezeichnet)* führt. Der Nutzen des Verhaltens zielt darauf ab, eine neuerliche Verletzung zu vermeiden. Das unerwünschte Verhalten *(Schonverhalten)* könnte

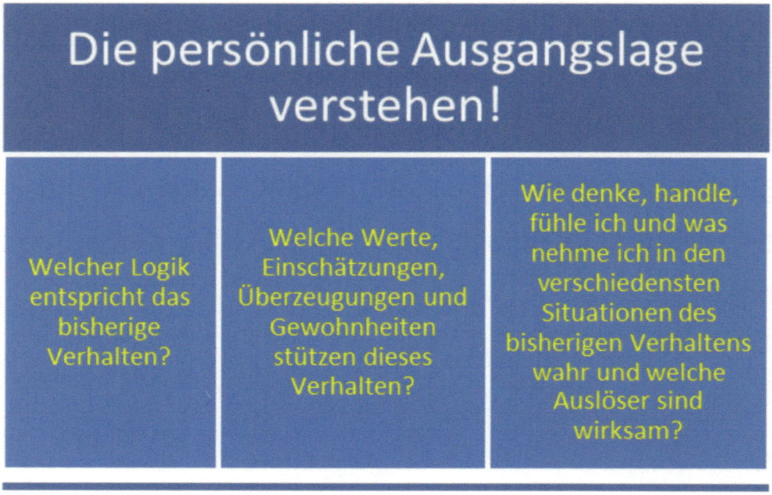

Die persönliche Ausgangslage verstehen!

Welcher Logik entspricht das bisherige Verhalten?	Welche Werte, Einschätzungen, Überzeugungen und Gewohnheiten stützen dieses Verhalten?	Wie denke, handle, fühle ich und was nehme ich in den verschiedensten Situationen des bisherigen Verhaltens wahr und welche Auslöser sind wirksam?

auch von verschiedenen weiteren, oder in der Folge entstandenen, Bedingungen aufrechterhalten werden.

Folgende Details könnten wichtig sein: Die besorgte Mutter des Eishockeyspielers könnte immer wieder den Appell an den Sohn richten, dass dieser ja aufpassen soll und dass Gesundheit das Wichtigste im Leben sei. Solche Appelle könnten – *besonders wenn sie in der Kinder- und Jugendzeit immer wieder „verabreicht" wurden* – übernommen und verinnerlicht werden und entsprechende Reaktionen verursachen.

Des Weiteren könnte eine sog. Sekundärangst entstanden sein: „Wenn ich nicht schnellstens wieder fit werde, flieg ich aus der Mannschaft".

Ängste genießen Priorität:

Stehen sich die zwei Bedürfnisse (Angst = Antrieb, um Schaden zu vermeiden und Neugier) gegenüber, so reagiert der Organismus meistens dann mit Vermeidung und Verteidigung, wenn die

Person über eine geringe allgemeine und spezifische Selbstwirksamkeit verfügt. Je geringer die positive Selbstwirksamkeitserwartung, desto mehr Vermeidung bzw. Verteidigung. Der Nutzen der Angstreaktion besteht darin, dass vermeintliche Gefahren (die bei geringer Selbstwirksamkeit verstärkt wahrgenommen werden) verringert oder vermieden werden. Ängste wollen also Schaden abwehren, was evolutionsgeschichtlich auch für das Überleben sehr sinnvoll war. Die Wahrnehmung auf fehlerhaftes Verhalten setzt aber dann leider den Teufelskreislauf der Angst in Gang. Es entsteht eine Angst vor der Angst und diese wird zudem intensiver erlebt und als bedrohlicher eingestuft, was dazu führen kann, dass lang eingeübte Verhaltensweisen noch mehr gehemmt und Automatismen gestört werden.

Welche Werte, Einschätzungen, Überzeugungen und Gewohnheiten stützen das unerwünschte Verhalten?

Das Bedürfnis nach körperlicher Unversehrtheit ist ein Triebbedürfnis und sichert unser Überleben.

Bei der Aufrechterhaltung des unerwünschten Verhaltens spielen natürlich immer gelernte Glaubenshaltungen, Einschätzungen und Überzeugungen eine große Rolle. Beispiele: „Gesundheit ist das Wichtigste" oder „Bei Zweikämpfen ist die Gefahr von schweren Verletzungen am größten" oder „Wenn ich mich noch einmal so schwer verletze, muss ich in den Rollstuhl" oder „Ich bin meinen Gegnern im Zweikampf unterlegen/ausgeliefert" und viele andere mehr.

Wie denke, handle, fühle ich und was nehme ich in den verschiedensten Situationen des bisherigen Verhaltens wahr und welche Auslöser sind wirksam?

Was wir jetzt jedoch noch genauer wissen müssen ist, wie sich der Eishockeyspieler auf den vier Verhaltensebenen verhält und zwar <u>vor</u>, <u>während</u> und <u>nach</u> der „kritischen" Situation. Was und wie nimmt er wahr *(mögliche Auslöser müssen identifiziert werden)*, welche Gedanken gehen ihm durch den Kopf, welche Gefühle hat er dabei und was tut er und was nicht. Diese Abläufe können auch Aufschluss über Wechselwirkungen zwischen Hintergründen und Verhalten geben.

Je besser die Funktionsweise eines Verhaltensablaufes und die dahinterstehenden aufrechterhaltenden Haltungen geklärt werden, desto zielgenauer kann mental trainiert werden.

Wenn bei einem Verhaltensänderungsversuch z.B. ignoriert wird, dass die besorgte Mutter *(sie meint es sicher gut)* mit ihren Appellen die Einschätzung des Spielers fördert, dass er vorsichtig sein muss, um gesund zu bleiben und damit die Wahrnehmung des Sportlers kontraproduktiv beeinflusst, kann ich nicht darauf Einfluss nehmen. Wenn nicht klar ist,

> *Je klarer die Zusammenhänge zwischen Motiven (Werthaltungen, Überzeugungen, Einschätzungen), Auslösern (Signale, die automatische Reaktionen bewirken) und Verhaltensabläufen aufgedeckt werden, desto größer ist die Wahrscheinlichkeit einer Einflussnahme.*

dass der Spieler einen hohen Puls (Auslöser) dahingehend interpretiert *(meist unbewusst)*, dass er die Situation nun nicht mehr in Griff hat, kann ich ebenfalls darauf keinen Einfluss nehmen. Und genauso verhält es sich mit der Angst, nicht mehr in der ersten Mannschaft spielen zu dürfen.

Dieses Beispiel zeigt, dass sich Überzeugungen, Einschätzungen und Werthaltungen in einer ständigen Wechselwirkung befinden.

Was passiert, wenn das wirkende Verhaltensprogramm und die dahinterstehenden Motive bei einem Veränderungsversuch nicht berücksichtigt werden?

Diese Antwort ist einfach. Beim Aufbau von mentaler Stärke ist das zielgenaue Arbeiten gleich wichtig wie in anderen Bereichen, oder würdest du bei einem Beinbruch eine Kopfwehtablette nehmen?

Nicht zu vergessen! Das „unerwünschte" Verhalten wird von der Firewall geschützt und kann nicht so ohne weiteres gelöscht werden.

Analyse Zielverhalten
Soll-Zustand:

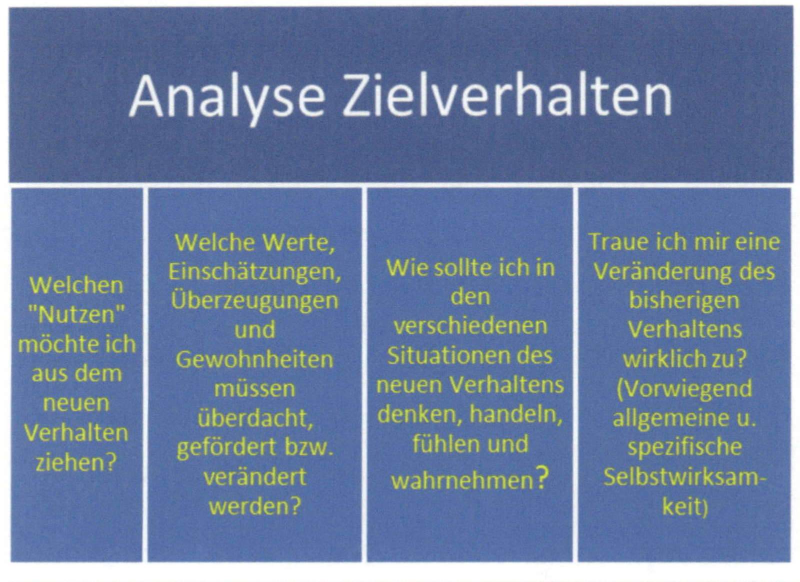

Welchen Nutzen möchte ich aus dem neuen Verhalten ziehen?

Bei dieser Arbeit geht es um das Auffinden und vor allem Aufnehmen neuer Werthaltungen, Einschätzungen und Überzeugungen. Man könnte es auch Motivationsaufbau nennen.

Der Eishockeyspieler könnte z.B. die folgenden Werthaltungen durch RET und Visualisierung trainieren:

• „Gesundheit ist wichtig und sie wird dann am meisten geschützt, wenn ich mit vollem Einsatz dabei bin. Die Verletzungsgefahr ist bei zaghaftem Verhalten aber mindestens gleich groß.“

• „Ja, ich kann mich verletzen, vielleicht auch bei ganz gewöhnlichen Bewegungen, aber ich will mich auf die Dinge konzentrieren, die mir Spaß machen.“

• „Ich will meinen Sport weiterhin betreiben, weil er mir Spaß macht und auch gleichzeitig mein Beruf ist und meine ökonomische Sicherung darstellt.“

Der individuelle Nutzen des neuen Verhaltens muss für den Eishockeyspieler höher sein als der des bisherigen Schonverhaltens.

Welche Werte, Einschätzungen, Überzeugungen und Gewohnheiten müssen überdacht, gefördert bzw. verändert werden?

Zum Beispiel: „Eishockey gehört zu meinem Leben, ich möchte noch nicht damit aufhören." Der Spieler wird sich bewusst werden müssen, welche weiteren Motive für seinen Sport sprechen *(Kameradschaft, schneller Sport usw.)* und welche Haltung er gegenüber Einsatz (Gesundheit geht vor?) und Bewältigung von Ängsten *(defensiver Umgang mit Angst?)* einnimmt. „Ich will diese Angst *(sie sollte nicht als Feind gesehen werden)* für meine Ziele gewinnen." Wenn Angst als „Feind" gesehen wird, so könnte sich eine Angst vor der Angst entwickeln, welche beim kleinsten Auftreten von Angst einen „Negativautomatismus" auslöst. Der Sportler wird sich bewusst werden müssen, dass er seine Angst nicht bekämpfen sollte *(sie ist ein wichtiger Teil von uns)*, sondern in erster Linie Selbstvertrauen bezüglich Zweikampf aufbauen muss. Die Angst wird in dem Maße weniger werden, wie sein Selbstvertrauen

(Selbstwirksamkeit) wächst. „Ich will weiterhin Teil dieser Mannschaft bleiben, sie gibt mir so viel!"

Mögliche andere Motive für seine Leidenschaft …

Wie sollte ich in den verschiedenen Situationen des neuen Verhaltens denken, handeln, fühlen und wahrnehmen?

Dieser Bereich muss mit dem Eishockeyspieler erarbeitet werden. Es geht hier um die gesamte Verhaltenspalette *(denken, wahrnehmen, fühlen und handeln)* <u>vor</u>, <u>während</u> und <u>nach</u> dem erwünschten Verhalten.

Der Spieler wird nun aktiv damit beginnen, die neue Verhaltenskette bewusst zu trainieren.

Traue ich mir eine Veränderung des bisherigen Verhaltens wirklich zu?

Welche Haltungen bestehen gegenüber den zu erwartenden Verhaltensänderungen?

Der Eishockeyspieler könnte z.B. seine Möglichkeiten zur Bewältigung dieser „Aufgabe" so bewerten:

- „Ich habe bisher keine Erfahrungen gemacht, weiß also nicht, ob ich mit diesem Problem fertig werde."

- „Momentan fühle ich mich damit überfordert, weil ich schon so lange an dieser Angst leide. Ich lasse mir jetzt helfen, weil ich selber nicht imstande war, damit klar zu kommen. Der Trainer hat mir auch dazu geraten."

- „Das Problem scheint mir momentan so hoch wie ein Berg zu sein."

Die sportpsychologische Arbeit bzw. das Mentaltraining besteht nun im Aufbau neuer positiver **Überzeugungen**, **Einschätzungen** und eines leistungsfreundlichen **Wertebewusstseins**.

Firewall berücksichtigen

Wie bereits erwähnt, verfügt jeder Mensch über ein Abwehrprogramm – eine Art Firewall. „Neue oder fremde" Verhaltensweisen werden angegriffen, denn diese schränken das bestehende Verhalten ein oder wollen es gar beseitigen. Der Mensch entwickelt automatisch Widerstand gegen Verhaltenseinschränkungen bzw. -veränderungen. Diese *(meist unbewusste)* Reaktion wird in der Psychologie als „Reaktanz" bezeichnet und hat dann besonders große Wirkung, wenn die Verhaltensänderungsinterventionen die bestehende Ausgangslage unberücksichtigt lassen.

Anders als bei einem Computerprogramm ist ein „Löschen" oder „Überspielen" eines bestehenden Verhaltensmusters bei einem Menschen nicht so ohne weiteres möglich. Und das ist auch gut so, denn wenn wir unsere Überzeugungen, Werte und Einschätzungen jederzeit preisgeben würden, also in Frage stellen, könnten wir wohl kaum überleben.

Wir brauchen automatisierte und stabile Verhaltensgewohnheiten und Standpunkte, sie ermöglichen Zielsetzungen und die Erreichung derselben.

Die bloße Erlernung und Anwendung von Techniken kann Verhalten – ohne Berücksichtigung des wirkenden Orientierungssystems und der bestehenden Abwehr – in den meisten Fällen nicht entscheidend und vor allem nicht nachhaltig verändern.

5. Begriffserklärung

In meinen Ausführungen verwende ich immer wieder Begriffe, die für das Verständnis der Überlegungen erklärungsbedürftig sind.

Zu beachten ist, dass:

1. sich die hier aufgelisteten Begriffe überschneiden können.

2. diese Begriffsbestimmung mutwillig ist und kein Anspruch auf Allgemeingültigkeit besteht.

<u>Aktive Gelassenheit:</u> Unter aktiver Gelassenheit verstehe ich eine Form von Gleichmut und innerer Ruhe bei der Konfrontation mit schwierigen Situationen. Die Beschreibung „aktiv" soll die Bedeutung der Aktivität unterstreichen. Diese Art von Gelassenheit hat also nichts mit der stoischen Ruhe des Über-sich-ergehen-lassens zu tun.

<u>Anwalt:</u> Innere Stimme, die uns verteidigt.

<u>Auslöser:</u> Dabei handelt es sich um Reize, die ein ganz bestimmtes Verhalten auslösen können, z.B.: „laute Stimme" oder „hoher Puls", „eine Vorstellung", „ein Geruch" oder „ein Geschmack" u.a. Auslöser können bewusst oder unbewusst sein.

<u>Einschätzungen:</u> Sie beschreiben die Einschätzungen bezüglich Wirkungs- und Funktionsweisen von Zusammenhängen oder Abläufen, die nicht direkt mit der Person im Zusammenhang stehen: z.B. „Wenn die Schwalben tief fliegen, wird schlechtes Wetter" oder „Pflanzendünger bewirkt besseres Wachstum" oder „Spanien spielt den besten Fußball zurzeit."

<u>Firewall:</u> Mit diesem Begriff bezeichne ich die menschliche Abwehr, die bei Verhaltensveränderungen eine wichtige Rolle spielt.

<u>Gewohnheit:</u> Sich wiederholende und automatisierte, meist unbewusst ablaufende Reaktionsweise.

<u>Haltung(en):</u> Den Begriff Haltung(en) verwende ich als Sammelbegriff. Darunter verstehe ich Wert- und Glaubenshaltungen, Einschätzungen und Überzeugungen.

<u>Nutzenmaximierungstheorie:</u> Sie besagt, dass jeder menschliche Organismus ständig bestrebt ist, den größtmöglichen „individuellen" Nutzen zu erzielen.

<u>Orientierungssystem *(auch manchmal als „Landkarte" bezeichnet)*:</u> Die erworbenen Wert- und Glaubenshaltungen, Einschätzungen und Überzeugungen bilden in Kombination mit grundlegenden Triebbedürfnissen *(Hunger, Durst, Überleben, Schutz, Fortpflanzung)* und eingeschliffenen Gewohnheiten unser Orientierungssystem, und damit sind sie das Basisprogramm unseres Verhaltens und unserer hierarchischen Bedürfnisstruktur.

<u>Positive Selbstwirksamkeitserwartung, Selbstwirksamkeit/Selbstvertrauen:</u> In diesem Buch verwende ich diese Begriffe synonym. Ich verstehe darunter

die Überzeugung(en), Herausforderungen meistern zu können.

<u>Staatsanwalt:</u> Innere anklagende Stimme.

<u>Triebe:</u> Es handelt sich hier um angeborene Antriebe, die unser Überleben sichern sollen *(Hunger, Fortpflanzung, Flucht, Schutz usw.)*.

<u>Verhalten:</u> Unter Verhalten wird immer das motorische Verhalten, aber auch das Denken, Fühlen und Wahrnehmen verstanden.

<u>Wert- oder Glaubenshaltungen:</u> Sie beschreiben die religiösen, ideologischen und moralischen Werte einer Person: z.B. „Gott ist allmächtig", „der Sozialismus ist die gerechteste Regierungsform" oder „Man sollte pünktlich sein".

<u>Zuversicht/Überzeugungen/Gewissheit:</u> Sie beschreiben die Selbsteinschätzung einer Person, z.B.: „Ich bin ein Beißer" oder „Ich bin intelligent" oder „Ich werde geachtet". Dabei ist Zuversicht (1) für

mich die leichteste und Gewissheit (9) die höchste Form einer solchen Überzeugung.

Zuversicht			Überzeugung			Gewissheit		
1	2	3	4	5	6	7	8	9

Merkmale von Gewissheit sind:

- *Eine tiefe Überzeugung (Gewissheit) macht vor allem ausdauernd. Ein überzeugter Mensch lässt sich von Misserfolgen nur wenig beeindrucken. Er nimmt sie fast als normale Erscheinungen auf seinem Weg zum Erfolg hin. Lange Durststrecken werden von der Vorstellung des Erfolges überwunden. Reinhold Messner sagte es einmal so: „Erfolgreich ist der, der einmal öfter aufsteht".*

- *Ein tief überzeugter Mensch hat eine klare Vorstellung über einen möglichen Weg zum Erfolg. Diese Vorstellung passt er den Entwicklungen hin zum Erfolg an.*

- *Der überzeugte Mensch ist zielgerichtet. Das Ziel bleibt auch dann bestehen, wenn sich der Weg ändert. „Störungen" können ihm wenig anhaben.*

- *Der überzeugte Mensch arbeitet hart und auch dann noch, wenn andere bereits aufgehört haben.*

- *Er ist hoch konzentriert und hat alle „Fühler" ausgestreckt.*

- *Er ist gelassen, aber nicht passiv. Der überzeugte Mensch entwickelt große Lust auf Erfolg und ist inspiriert von der Idee der Zielerreichung.*

- *Der überzeugte Mensch definiert den Wert der eigenen Person nicht über seine Leistung.*

Der überzeugte Mensch ist offen für Neuerungen, denn ganz oben steht weder der persönliche Stolz noch unbegründete Sturheit, sondern einfach nur die Zielerreichung.

6. Schlussbemerkungen

Was Hänschen nicht lernt, lernt Hans nimmermehr. Dieses Sprichwort hörten wir alle in der Schule und zu Hause immer wieder von Personen, die es gut mit uns meinten, und die von der Wahrheit dieser Aussage überzeugt waren. Nur, dieses Sprichwort scheint falsch zu sein.

Die Lernpsychologie aber auch und insbesondere die moderne Neurologie haben mittlerweile gesicherte Erkenntnisse, die etwas anderes sagen. Die ermutigende Botschaft spricht heute davon, dass unser Gehirn bis zum Tode Plastizität entwickeln kann, was so viel bedeutet, dass wir durch Training und Aktivität Anpassungsprozesse in unserem Gehirn in Gang setzen können. Gewohnheiten können umgelernt und neue Verhaltensweisen entwickelt werden, und das auch im Alter.

Die Bedeutung dieser neuen Erkenntnis kann nicht hoch genug eingeschätzt werden, dies gilt auch und ganz besonders für das Training der Selbstwirksamkeitserwartung. Der Erfolg des Trainings zur Steigerung der positiven Selbstwirksamkeitserwartung, oder einfacher gesagt des Selbstvertrauens, hängt von der Einschätzung ab, ob neue Verhaltensgewohnheiten „jederzeit" trainiert bzw. gelernt werden können. Wer daran glaubt, hat gute Voraussetzungen, um jene aktive Gelassenheit zu entwickeln, die wir alle brauchen, um mit Geduld, Ausdauer und der Gewissheit, dass es möglich ist, Schritt für Schritt dazu zu gewinnen.

Die hier aufgezeigten Wege sind Ausschnitte von Möglichkeiten zum Aufbau von Selbstvertrauen. Ich bin ein Lernender, der sich über eure Rückmeldungen sehr freut. Schreibt mir einfach (martin.volgger@sportpsychologie.it) oder aber macht eure Einschätzungen und Überlegungen mittels Fragebogen (<u>Yes, I can</u>!) sichtbar.

Ich denke, dass die Bedeutung des Selbstvertrauens für Menschen aus verschiedenen Perspektiven nicht hoch genug eingeschätzt werden kann und ich bin gleichzeitig ein überzeugter Vertreter davon, dass wir noch viel mehr tun können und tun müssen, um unsere Methoden zum Aufbau von positiver Selbstwirksamkeitserwartung noch weiter zu verbessern bzw. wirksamer zu machen.

Ich bin überzeugt, dass der persönliche Erfolg, die Lebenszufriedenheit und Gesundheit, aber auch der Frieden in unserer Gesellschaft in hohem Maße vom Selbstbewusstsein der Bürger abhängt. Umso mehr sollten wir gemeinsam dieses Anliegen weiter verfolgen.

In diesem Sinne wünsche ich uns „*Yes, we can!*"

Martin Volgger

Zum Autor

Martin Volgger ist Psychologe und Psychotherapeut. Er arbeitet seit vielen Jahren als Lehrer und Sportpsychologe in Südtirol. Dabei betreut er sehr erfolgreich Individual- und Mannschaftssportler und führt sportpsychologische Projekte an den Sportoberschulen im Lande durch. Er ist Gründungsmitglied des Zentrums für Sportpsychologie und Mentaltraining *(www.sportpsychologie.it)* und ist Referent bzw. Ausbilder für Trainer im Jugend- und Erwachsenenbereich.

 Im Jahre 2007 veröffentlichte er sein Buch. „leben lernen durch sport". In diesem Buch stellt der Autor Vorgehensweisen und Methoden für Trainer und Eltern vor, wie Persönlichkeitsentwicklung nachhaltig gefördert werden kann.

Quellenverzeichnis

Bandura, A. (1977): Self-efficacy: Toward a unify-ingtheory of behavioural change. In: Psychological Review 84, S. 191–215.

Bund Andreas - Selbstvertrauen als Leistungsressource im Sport – http://www.sport.uni-oldenburg.de/ download/andreasbund/vortraege/ Vortrag_10.pdf (abgerufen am 20.06.2012)

Bund Andreas– Selbstvertrauen und Sport http://www.pedalo.de /cms/upload/ downloads/Selbstvertrauen_und_Bewegungslernen.pdf (abgerufen am 17.07.2012)

Bund Andreas, Anja Biemann& Artur Sudermann - „Kinder stark machen!" – Oder: Was können Sportlehrer/innen und Übungsleiter/innen dazu beitragen, das Selbstvertrauen von Kindern und Jugendlichen zu fördern? - http://www.sport.uni-oldenburg.de/download/andreasbund/ publikationen/Publikation_19.pdf (abgerufen am 17.07.2012)

Bund Andreas& Alexander Kiefer – Quelle: http://www.sport.uni-oldenburg.de/ download/ andreasbund/publikationen/ Publikation_7.pdf - (abgerufen am 20.06.2012)

Buber Martin - Der Weg des Menschen – Auflage 16 – 2001

Fuchs & Schwarzer, 1994, S. 141 - Zeitschrift für Differentielle und Diagnostische Psychologie, 15, 1994, Heft 3, S. 141-154 – http://www.sport.unifreiburg.de/institut/Arbeitsbereiche/psychologie/messinstrumente/ selbstwirsamkeitsportlicheaktivi.pdf (abgerufen am 01.08.2012)

Immenroth Marc: Fortbildung „Mentales Training" (Frühjahr 2006)

Merkle Rolf - http://www.psychotipps.com/heilungglaube.html (abgerufen am 22.06.2012)

Sabine Ruhall geb. Grisar - Selbstwirksamkeit als Indikator für psychische Störungen http://darwin.bth.rwth-aachen.de/opus3/volltexte/ 2008/2243/pdf/Ruholl_Sabine.pdf (abgerufen am 15.07.2012)

Schäefer Silke Karin - Aufrechterhaltung des Sporttreibens - Eine längsschnittliche Online-Befragung bei Erwerbstätigen- d-nb.info/1011043823/34 (abgerufen am 20.06.2012)

Schwarzer, R. & Jerusalem, M. (Hrsg.) (1999). Skalen zur Erfassung von Lehrer- und Schülermerkmalen. Dokumentation der psychometrischen Verfahren im Rahmen der Wissenschaftlichen Begleitung des Modellversuchs Selbstwirksame Schulen. Berlin: Freie Universität Berlin. Quelle: http://psymet03.sowi.uni-Mainz.de/meinharg /Lehre/SS2010/SPSSKurs/Termin_1/SWE_Beschreibung.pdf (abgerufen am 01.07.2012 - die Tabelle wurde von mir angepasst)

Volgger Martin – leben lernen durch sport – Egoth-Verlag 2007

Wolf Doris - http://www.lebenshilfe-abc.de/erlernte-hilflosigkeit.html (abgerufen am 22.06.2012)

Bildverzeichnis

Argyle Michael - Körpersprache und Kommunikation (Taschenbuch)- Verlag: Junfermann; Auflage: 9. A. (1. Januar 2005)